FACULTÉ DE DROIT DE TOULOUSE

DE L'INALIÉNABILITÉ DE LA DOT
EN DROIT FRANÇAIS.

DE LA RÉPUDIATION ET DU DIVORCE
EN DROIT ROMAIN.

DISSERTATIONS
POUR
LE DOCTORAT,

Présentées à la Faculté de Droit de Toulouse ;

Par M. GAUDIN (Léon), avocat,

NÉ A MONTPELLIER.

TOULOUSE,
IMPRIMERIE BAYRET ET C

RUE PEYRAS, 12.

1854.

DE L'INALIÉNABILITÉ DE LA DOT
EN DROIT FRANÇAIS.

DE LA RÉPUDIATION ET DU DIVORCE
EN DROIT ROMAIN.

DISSERTATIONS
POUR
LE DOCTORAT,

Présentées à la Faculté de Droit de Toulouse,

Par M. GAUDIN (Léon), avocat,

NÉ A MONTPELLIER.

TOULOUSE,

IMPRIMERIE BAYRET ET Cie,

RUE PEYRAS, 12.

1854.

A MES PARENTS.

A la mémoire de mon frère.

DE L'INALIÉNABILITÉ DE LA DOT.

Aperçu sur l'Ancien Droit.

Les dispositions du Code Napoléon sur l'inaliénabilité de la dot ont été rédigées avec une précipitation fâcheuse : elles laissent en dehors un grand nombre de questions dont la solution présente de sérieuses difficultés. Afin d'en rendre l'interprétation plus facile, nous exposerons d'abord les principes de l'ancien Droit dont les art. 1554-1561 ne sont que le résumé, pour étudier ensuite dans ses détails le système établi par la loi moderne.

1. *Immeubles.* — L'inaliénabilité de la dot immobilière était admise dans tous les pays de Droit écrit. Elle s'appliquait, comme en Droit romain, non seulement au droit de propriété entière, mais encore à ses démembrements : ainsi le fonds ne pouvait être grevé de servitudes ni perdre celles qu'il avait sur un fonds voisin. Il ne pouvait être l'objet d'une constitution d'hypothèque. Ainsi encore, s'il s'agissait d'un immeuble dotal indivis, le mari ne pouvait en provoquer le partage, car cette opération était alors translative de propriété. Mais il pouvait valablement y répondre, car la loi Julia respectait

les aliénations faites par nécessité (1). La transaction était aussi permise au mari toutes les fois qu'elle n'avait pas pour effet l'aliénation de l'immeuble dotal, et dans ce cas le concours de la femme n'était pas nécessaire (2).

La prescription était considérée comme une véritable aliénation ; néanmoins, si elle avait commencé avant le mariage, elle était valable, mais alors la femme pouvait en général exercer un recours contre son mari coupable de ne l'avoir pas interrompue. Au contraire, la prescription d'une somme dotale due à la femme, courait en faveur du débiteur quoiqu'elle n'eût commencé qu'après le mariage et qu'il s'agit d'une constitution générale de dot. « La différence vient, disait Catelan, de ce que la loi Julia défendant toute aliénation du fond, en défend par conséquent la prescription, mais elle ne défend pas la prescription d'une dette ; rien ne l'empêche donc, et l'on ne peut invoquer la règle *contrà non valentem...* ; car, à l'égard du débiteur, il suffit qu'il y ait une personne qui puisse agir ; cette personne existe, c'est le mari, maître de la somme durant le mariage, pouvant l'exiger et libérer le débiteur (3). »

Mais dans ce cas, comme dans celui où la prescription du fonds était possible, la femme n'avait-elle pas au moins une dotalité subsidiaire si le mari devenait insolvable ? Il y avait dissentiment entre les auteurs. Quant

(1) Despeisses, sect. 3, *Du Dot*, § 30, 6°. — Voet, *ad Pand. de fundo dot.* — Pothier, *Pand.*, ibid. — (2) Voet, ibid., *de transact.*, 2, 15, 5. — Faber, C. 5, 15, 6. — (3) Catelan, IV, 45. — Serres, II, 8. — Louet, P. 1. — Despeisses, n° 39.

au possesseur, certains accordaient le recours à la femme malgré la prescription accomplie (1). D'autres, au contraire, le lui refusaient (2). De même, à l'égard du débiteur, la majorité pensait qu'il était à l'abri de tout recours ; Dupérier était d'un avis opposé.

L'estimation du fonds constituait la plupart du temps une vente qui en transportait la propriété au mari, et le rendait débiteur du prix (3). Le fonds, quoique estimé, devenait subsidiairement dotal si le mari se trouvait insolvable au moment de la dissolution (4). La question de savoir si l'estimation équivalait à un transport de propriété dépendait de l'interprétation du contrat. La dispute était grande ; notre Code l'a faite cesser.

Pour ce qui est de l'immeuble acheté des deniers dotaux, les opinions étaient partagées par suite de la contradiction qui existe entre la Loi 54 au Digeste, et la Loi 12 au Code, *de jure dotium*, celle-ci décidant que cet immeuble n'est pas dotal, celle-là le regardant au contraire comme tel. Diverses conciliations avaient été tentées, Mornac ne le regardait comme dotal qu'autant que le contrat déclarait expressément la nature des deniers (5). Domat appliquait la Loi 12 au cas d'un achat fait par le mari seul : alors l'immeuble n'était pas dotal, car le mari ne peut changer la nature de la dette. Quand, au contraire, l'ac-

---

(1) Boniface, t. IV, p. 190.—Cambolas, IV, ch. 47.—Dupérier, III, c. 5. — (2) Catelan, Serres, *loc. cit.* — (3) Cujas, *ad African.*, L. 9, ff. *de fund. d.* — Henrys, liv. IV. — Despeisses, nº 10. — Mornac, *ad leg.* 16, ff. ibid.—(4) Serres, Despeisses, ibid.; Catelan, IV. 32 ; Ranchin. *decis*, part. 3, concl. 119. — (5) Mornac, *ad leg.* 54.

quisition était faite par le mari et la femme , il y avait lieu d'appliquer la Loi 54, et l'immeuble était dotal (1). Enfin , Cujas, dont l'opinion avait été généralement admise , ne regardait l'immeuble que comme subsidiairement dotal pour le cas d'insolvabilité du mari au moment de la dissolution (2). Cette faveur était accordée à la femme pourvu qu'elle put justifier que le fonds avait été réellement acheté de ses deniers dotaux (3). Quelques auteurs lui permettaient alors la revendication lors même que l'acquéreur offrait de lui rembourser sa dot ; d'autres plus nombreux permettaient au tiers de garder l'immeuble au moyen de ce paiement (4). Le Code a encore mis fin à ces difficultés par l'art. — 1553. En vertu du principe qui interdisait toute aliénation directe ou indirecte de la dot , on décidait que les obligations contractées par la femme durant le mariage ne pouvaient s'exécuter sur le fonds dotal , même après la dissolution (5). Despeisses et Favre étaient d'un avis contraire, mais leur sentiment n'avait pas prévalu. Si l'obligation naissait d'un délit , le fonds dotal en répondait , même pendant le mariage, sauf dans ce cas, l'usufruit du mari (6).

Quant aux fruits des immeubles dotaux , ils étaient la propriété du mari qui pouvait en disposer à son gré. Mais

(1) Brunemann ad Cod.; — Accurse, ibid; — Duaren, ad leg. 22, ff. sol mat. Domat, etc. — (2) Cujas, Observ., l. 5; 19. — Ranchin, loc. cit. — Pothier, Pand., v° 86. — Noodt, ad ff. sol mat. — (3) Graverol sur Laroch., l. 2, v° Hyp., t. 3 et 4. — (4) Dupérier, t. 1, p. 291 et s. — Bonnemant, t. 1, p. 179. — (5) Henrys, t. 4, quest. 141. — Roussilhe, t. 1, n° 378. — (6) Despeisses, sect. 2, 31. — Roussilhe, t. 1, n°° 120 et 124.

cette propriété lui était conférée à la charge de pourvoir
aux besoins du ménage, il ne pouvait donc les aliéner
qu'autant qu'il lui restait de quoi suffire à ces charges (1).

II. *Exceptions à l'inaliénabilité.* — L'inaliénabilité ne
finissait ordinairement qu'avec le mariage même ; la
séparation de biens la laissait intacte. « Mieux vaut,
disait Dupérier, diminuer la liberté des femmes pour
accroître leur sûreté, et par une heureuse impuissance
mettre leur dot à couvert des embûches et des surprises
qu'elles ne sauraient autrement éviter (2). » On avait
admis cependant certaines exceptions dont le nombre
varia suivant l'époque et le lieu. La plupart étaient em-
pruntées au Droit romain. Baldus Novellus, cité par
d'Olive, en rapporte jusqu'à vingt (3). Voici les plus
ordinaires :

Le fonds dotal peut être aliéné :

1° Quand c'est ainsi convenu au contrat de mariage.
L'insolvabilité du mari ne peut susciter par la suite une
dotalité subsidiaire (4). La faculté d'*aliéner* implique
celle d'hypothéquer (5).

2° Pour l'établissement des enfants, la femme peut
leur donner par contrat de mariage tout ou partie de sa
dot même sans le consentement du mari, pourvu qu'a-
lors elle lui en laisse l'usufruit. Il est vrai que Catelan

(1) Faber, c. 5. 7, 38 et 39. — (2) Dupérier, l. 1, quest. 3. — Lapey-
rère, *let.* 5, n° 27. — Salviat, p. 157 et 199. — Louet, *let.* F, 30. —
(3) D'Olive, addit. au ch. 29, liv. III. — (4) Catelan, IV, 45 *in fine.* —
Serres, p. 190. — Julien, p. 55 et s. — (5) Dupérier, l. 3, quest. 3. —
Ferrière, Dict., v° *Aliénations.*

\

et Boutaric veulent , dans ce cas , que la donation soit expresse sous peine de porter sur les paraphernaux, s'il y en a ; mais, répond Vedel, cela peut avoir lieu tout au plus à Toulouse , où la dot appartient au mari et aux enfants communs d'une manière plus particulière (1).

Remarquons , du reste , en passant , que la donation de biens dotaux dans les pays de Droit écrit n'était pas aussi sévèrement interdite que la vente , par la raison, disait-on , que la femme se détermine plus difficilement à donner qu'à vendre. Ainsi elle pouvait , avec l'autorisation de son mari, faire une donation de ce genre même à des étrangers , suivant la jurisprudence d'Aix et de Bordeaux. Il en était autrement dans le Parlement de Toulouse (2).

3° Pour tirer le mari de prison. Il y avait unanimité s'il était détenu pour crime : s'il l'était pour dettes, quelques auteurs refusaient l'aliénation en se fondant sur ce que le mari pouvait se libérer en faisant cession de biens, mais le plus grand nombre l'accordait même dans ce cas (3) ;

4° Pour fournir des aliments à la famille ;

5° Pour réparations urgentes et nécessaires ;

6° Pour payer les dettes contractées avant le mariage par la femme ou ses constituants ;

7° Pour échanger l'immeuble contre un autre plus avantageux qui devient dotal à son tour ;

(1) Vedel sur Catelan, IV, 5. — Furgole, Quest sur les Don., 24. — (2) Serres, ibil. — D'Olive, l. 3, c. 29. — (3) Serres, ibid. — Catelan, IV, 1. — Boniface, T. 2, l. 4, t. 2, c. 7.

8° Enfin, quand l'immeuble dotal est indivis et impartageable.

III. *Sanction de l'inaliénabilité.* — Quand l'aliénation
était faite en dehors des exceptions permises, elle pouvait être révoquée. A qui appartenait ce droit?

Premièrement, tant que durait le mariage, la femme
ne pouvait révoquer l'aliénation indûment faite soit par
son mari, soit par elle-même, soit par tous deux conjointement, à moins qu'il ne fût intervenu une sentence de
séparation de biens. Le mari pouvait, au contraire, exercer l'action en nullité durant le cours du mariage, parce
qu'à lui seul appartiennent les actions relatives à la
dot (1). Après la séparation il n'en avait plus le droit. Il
semble révoltant au premier abord que le mari puisse
critiquer une aliénation par lui faite et même garantie,
mais l'acquéreur doit s'imputer de n'avoir pas pris des
renseignements suffisants sur la nature de l'immeuble.
Que s'il la connaissait, il est alors le complice du mari
et ne pourra pas davantage invoquer la maxime *quem de
evictione.....* Néanmoins quelques juristes, trouvant la
décision contraire aux véritables principes du Droit,
persistaient à refuser l'action au mari. C'était aussi la
doctrine des Parlements de Bordeaux et de Grenoble (2).

Du reste ceux qui la lui accordaient, faisaient plusieurs distinctions : si le mari avait vendu l'immeuble
comme mandataire de sa femme et sans aucune promesse

(1, Serres, II, 8. — (2, Roussilhe, T. I, n° 381.

de garantie en son nom propre, il avait le droit de demander la nullité; il agissait dans ce cas du chef de sa
femme, et l'acquéreur qui avait connu la dotalité ne
pouvait réclamer que le prix. S'il le vendait comme lui
appartenant, il pouvait encore agir, mais il était alors
soumis à des dommages-intérêts envers l'acquéreur de
bonne foi. Les mêmes règles s'appliquaient au cas où le
mari avait vendu conjointement avec sa femme (1).

Pour celle-ci, disons-nous, le droit à la révocation
s'ouvrait lorsqu'arrivait la dissolution du mariage ou
tout au moins une séparation judiciaire; et même sur
ce dernier point la jurisprudence n'était pas unanime :
le Parlement de Bordeaux voulait qu'elle attendît la
mort du mari (2); la plupart des auteurs pensait qu'elle
pouvait agir après la séparation. Il était juste, en effet,
que reprenant l'administration de sa dot, elle eût le libre
exercice des actions qui la concernent. C'était conforme
au Droit romain (3).

Despeisses même, reproduisant une idée d'Accurse,
refusait à la femme le droit de révocation quand l'aliénation par elle consentie n'avait pas préjudicié au mari;
mais son opinion n'avait pas été admise, car la prérogative est établie en faveur de la femme et non en faveur
du mari (4).

---

(1) Maynard, l. 1, c. 27. — Catelan, v, 7 et 17. — Serres, *ibid.* —
Dupérier, t. 1, p. 56. et t. 2, p. 39. — (2) Salviat, p. 221 et 503. —
(3) Despeisses, sect. 2, n° 33. — Larochef., l. 2, v° *Mariage*, t. 1, 11.
— D., L. 25, Pr. — C., l. 29 et 30, *de jure dot.* — (4) Despeisses, section 3, 30.

Elle avait, dans son action, les plus grandes facilités : peu importait que les biens extants du mari fussent suffisants pour la payer, elle n'était pas tenue de les discuter (1). Peu importait encore qu'il s'agit d'une aliénation faite par elle-même (2) ou avec le consentement de son mari. Quoique le contrat portât qu'elle avait été faite par tous deux conjointement et qu'ils avaient reçu le prix, elle n'était pas tenue de le rendre (3). Toute renonciation volontaire en forme qu'elle aurait pu faire durant le mariage était considérée comme non avenue : on ne s'arrêtait pas davantage devant le serment qu'elle aurait prêté de ne pas venir à l'encontre de l'aliénation · le serment n'étant pas un lien d'iniquité, dit Bredeau, à l'effet de confirmer et valider un acte nul de soi (4).

La femme pouvait révoquer l'aliénation même quand l'acquéreur était de bonne foi, même quand elle en avait reçu les intérêts du prix après la mort de son mari; car, observe Despeisses, elle n'a pas reçu les intérêts pour approuver le contrat, mais pour n'être pas en si grande perte, et empêcher que l'acquéreur ne jouit en même temps de la chose et du prix.

Les héritiers du mari n'avaient pas l'action en révocation, car son droit finit avec le mariage; ceux de la femme l'avaient, à moins qu'ils n'eussent accepté pure-

(1) Godefroy, ad leg. 30, C. — Despeisses, sect. 2, no 33, et 3, vo 34, et Bartole (qu'il cite), ad leg. 24, ff. sol mat., no 72. — (2) Despeisses, sect. 3, no 29 et 30.—Gregorius Tholos. Syntagm., lib. 9, c. 22, no 22. — (3) Faber, C. 5, 7, 8. — Despeisses, ibid. — (4) Brodeau sur Louet, D. 12. — Expilly. ch. 123. arr. du 14 août 1600. — Contrà, Despeisses. ibid.

ment et simplement la succession de leur père. S'ils la répudiaient, ou s'ils l'acceptaient bénéficiairement, ou encore, si dans le cas d'une acceptation pure et simple, il s'agissait d'une vente faite par le mari sans promesse de garantie, ils pouvaient revendiquer l'immeuble. Il en était de même pour la femme en pareil cas (1). Quelques auteurs contestaient cependant la solution dans le cas d'acceptation bénéficiaire : alors, disaient-ils, l'héritier est tenu des faits du défunt jusqu'à concurrence de ce dont il profite dans la succession; il ne peut donc dans ces limites exercer la revendication (2).

N'oublions pas de mentionner que la femme avait le droit d'opter pour le fonds ou pour le prix; les créanciers du mari ne pouvaient l'empêcher de concourir avec eux. « Elle a le choix, dit Despeisses, ce qui n'est pas nouveau (3). » Il lui était libre, du reste, de ne pas user de cette faculté, elle pouvait même après avoir fait révoquer l'aliénation, la maintenir; mais si les biens du mari sur lesquels elle se faisait allouer étaient insuffisants, il n'y avait plus de révocation possible.

Après la dissolution du mariage l'aliénation pouvait être valablement ratifiée par la femme; nous venons même de voir un cas de ratification tacite. La ratification eut été nulle au contraire après la séparation de biens.

Quel était le délai pour prescrire l'action ? On doit distinguer à cet égard si l'aliénation était faite par le

(1) Dupérier, t. 1, p. 57. — (2) Roussilhe, t. 1, n° 384. — Domat, liv. 1, t. 2, sect. 10. — (3) Despeisses 3, n° 20.

mari seul ou si la femme avait participé au contrat.
Quand le mari aliénait seul en son nom personnel, l'acquéreur même de bonne foi devait posséder pendant
trente ans. C'était ainsi décidé dans les Parlements de
Toulouse, Bordeaux et Grenoble (1). On exigeait dans
ce cas une véritable prescription acquisitive. Quand la
femme avait été en nom dans le contrat, le délai pour
prescrire l'action en révocation était de dix ans à partir
du jour où cette action était ouverte, c'est à dire depuis
la séparation de biens, dans les Parlements qui permettaient à la femme d'agir à cette époque, et du jour de la
dissolution, dans ceux qui ne lui accordaient l'action
qu'au décès du mari (2).

IV. *Dot mobilière.* — La dot mobilière était-elle anciennement inaliénable comme les immeubles dotaux ?
Cette question mérite des détails. Quoique le principe
d'inaliénabilité n'eut été formellement posé en Droit romain que pour les immeubles (3), les droits de la femme,
quand sa dot consistait en effets mobiliers, étaient néanmoins garantis par un ensemble de mesures protectrices
qui constituaient un équivalent de l'inaliénabilité. Nous
n'avons pas besoin de rappeler l'action réelle ou hypothécaire qu'elle avait, en cas d'insolvabilité de son mari,
pour revendiquer tous les biens dotaux existants à la

(1) Salviat, p. 505. — Despeisses, sect. 3, n° 29. — Julien, p. 181.
— (2) Roussilhe, t. 2, n° 121. — Despeisses, sect. 3, n° 88. — Salviat,
p. 507 et s. — Boerius, *decis.* 328, n° 1. — (3) Inst. II, 8, Pr. C. v. 13.
l. un., § 15.

dissolution, quelle que fût leur nature (1); l'hypothèque
légale dont elle jouissait sur les biens de son mari (2);
l'extension que lui donna Justinien (3); le sénatus consulte Velléien, etc... La plupart de ces mesures avaient
été maintenues dans les pays de Droit écrit (4). Le Parlement de Bordeaux allant même plus loin, voyait avec
certains auteurs, dans les termes généraux qu'emploie
la Novelle 61, une véritable inaliénabilité qui interdisait au mari la libre disposition des meubles de nature à
être conservés. Cette opinion émise par Bartole, Baldus
Novellus, Weisembach et un grand nombre d'autres (5),
n'était, il est vrai, suivie que par cette Cour; mais notre
jurisprudence ancienne était unanime pour refuser à la
femme la faculté d'aliéner ou d'engager soit directement,
soit indirectement sa dot mobilière non seulement durant
le mariage, mais encore après la séparation judiciaire.

Ainsi, à Bordeaux encore, la femme quoique séparée
et autorisée de son mari ou de justice ne pouvait aliéner
ses biens dotaux ; elle ne pouvait recevoir le paiement
de ces biens, ni donner consentement valable pour renoncer à son hypothèque légale. Celui-ci ne pouvait disposer des créances dotales , quoiqu'il eût capacité pour en
recevoir le paiement sans caution. Ses créanciers ne pouvaient le saisir pour quelque cause que ce fût. Un arrêt
du 19 juillet 1607 avait même étendu la décision à la

(1) C. v. 12, 30. — (2) C. v. 13, l. un., § 1, 3, 4, 11, 13. — Inst. iv, 6,
29. — (3) C. viii, 18, 12. - Nov. 97, c. 2 et 3. — (4) Despeisses, sect. 3,
nº 31, 32, 51. — (5) *Ut plerique existimant*, dit Weisembach, *ad ff.* 23,
5. 5 4.

saisie de meubles corporels mis à prix par le contrat, mais dans un cas où le mari était insolvable (1).

Dans le Parlement d'Aix, Julien nous dit formellement «que la femme ne peut, durant le mariage, aliéner ni engager sa dot, soit qu'elle consiste en argent, en meubles ou en immeubles,» quoique un arrêt rapporté par Boniface donne au mari la disposition des créances dotales. Et cette doctrine est reproduite par Dupérier comme étant l'opinion commune du pays (2).

En Dauphiné, même jurisprudence : les deniers dotaux ne peuvent être engagés par la femme même du consentement de son mari. De plus, elle ou ses héritiers peuvent faire cesser l'aliénation des meubles faite par le mari, quand ces meubles ne consistent pas en poids, nombre ou mesure (3).

Dans les pays de Droit écrit ressortissant au Parlement de Paris, la femme ne peut pas davantage aliéner sa dot mobilière. Outre l'attestation d'Henrys, cela découle encore de l'édit du 16 avril 1664, qui, en abrogeant la loi Julia dans ces pays, permet désormais à la femme d'obliger ses *biens dotaux, meubles ou immeubles,* ce qui prouve bien par *à contrario* qu'avant cette déclaration le Lyonnais suivait la loi commune.

Enfin, dans le Languedoc, il est bien vrai que le mari était le maître absolu de la dot mobilière et pouvait en

(1) Salviat, v° *Dot,* n° 5. — Automne, Cout. de Bord., art. 55, n° 50. — (2) Julien, p. 57. — Boniface, T. IV, l. 5, t. 5, c. 1. — Dupérier, t, quest. 3. — (3) Roussilhe, n° 337. — Expilly, *loc. cit.* — Basset, T. I, l. 1, t. 5.

disposer à son gré (1). Mais cela ne portait aucune atteinte aux droits de la femme ; sa créance demeurait intacte comme dans les autres Parlements; les emprunts qu'elle aurait faits durant le mariage ne pouvaient l'atteindre, et si une séparation intervenait, la faculté d'aliéner ne lui était pas attribuée. Elle ne pouvait toucher ses deniers dotaux qu'à charge de placement ou de caution (2).

Ajoutons que les mêmes principes étaient suivis dans les Coutumes qui suivaient l'inaliénabilité de la dot. Ainsi, la femme séparée ne pouvait, en Auvergne, abandonner valablement au profit du créancier de son mari une partie de sa créance dotale. En Normandie, la femme qui s'obligeait solidairement avec son mari ne pouvait subroger le créancier à son hypothèque légale (3).

En présence d'une pareille unanimité, on est bien autorisé à conclure que si le mari pouvait, en général, et quand il était solvable (4), aliéner les objets composant la dot mobilière, il n'était du moins au pouvoir d'aucun des époux d'anéantir la dot elle-même, c'est à dire, abstraction faite des choses qui la composent, le droit de la femme, sa créance contre son mari, son action en restitution.

Seulement le privilége de la loi *assiduis* ne lui était

(1) Catelan, IV, 47. — Serres, II, 6. — (2) Vedel sur Cat., IV, 45. — Graverol, I. 2, t. 4, 44. — D'Olive, III, 39. — Laviguerie, T. I, p. 257. — (3) Cout. d'Auvergne, art. 1 et 2, *des Oblig.* — Brodeau sur L, let. D, 12, Cass., 7 fév. 1843 et 19 déc. 1827. — (3) Ce n'est en effet que sous cette condition que la faculté d'aliéner lui est reconnue par Perezius, Godefroy, Voet, Brunemann, Heineccius, Noodt, etc.

pas accordé partout : il n'était admis qu'à Toulouse et
en Provence, et encore y subissait-il de grandes restrictions. Ainsi , en Provence, il ne pouvait porter que sur
les immeubles donnés au mari en faveur du mariage (1).
A Toulouse, les créanciers pouvaient en éviter l'effet, en
notifiant à la femme leurs titres de créance. Il suffisait
que cette déclaration fût faite avant la célébration : la
fraude et les antidates étaient nombreuses, « il y avait,
comme remarque Serres , beaucoup d'inconvénients et
très peu de justice d'accorder à la femme un pareil privilége (2). »

Il était , du reste , exclusivement attribué à la femme
et à ses descendants *jure filiationis ,* et n'avait lieu que
pour la dot elle-même ; les autres apports n'en bénéficiaient pas (3).

Tels sont les principes qui régissaient l'inaliénabilité
quand le Code fut préparé et publié (4). La discussion fut
vive au Conseil d'État pour savoir si on la conserverait
dans la loi nouvelle. L'art. 138 du projet primitif était
ainsi conçu : « Les immeubles constitués en dot ne sont
pas inaliénables ; toute convention contraire est nulle. »
Portalis et Cambacérès s'élévèrent contre cet article qui
détruisait le régime dotal dans sa base. Sur leurs récla-

(1) Dupérier, l. 4, 9, 3.—Bretonnier, v° *Dot,* note de Boucher d'Argis.
—(2) Serres, iv, 6, § 29.—Catelan, iv, 33 et 37.—Graverol et Laroch.,
l. 2, v° *Dot,* t. 6, 4.— D'Olive , 3, 35. — Despeisses, sect. 3, n° 7. —
(3) Nov. 91.— D'Olive, 2, 23. — Despeisses, sect. 3, n°' 52 et 53. —
(4) Avant le Code, la loi de brumaire an vii avait dépouillé l'hypothèque de la femme d'une partie de ses prérogatives.

mations, le Conseil adopta le principe de l'inaliénabilité. On permit seulement d'y déroger par stipulation (1).

Occupons-nous maintenant d'examiner les principales difficultés auxquelles a donné lieu son application. Pour plus de méthode, nous étudierons dans autant de chapitres successifs :

1° L'étendue du principe : les biens et les actes qu'il comprend ;

2° Les exceptions qu'il comporte ;

3° La sanction que la loi y attache.

(1) Fenet, t. 13, p. 573.

DE L'INALIÉNABILITÉ DE LA DOT.

CHAPITRE PREMIER.

1. *A quels actes.* — L'art. 1554 porte : « Les immeubles constitués en dot ne peuvent être aliénés ou hypothéqués pendant le mariage , ou par le mari , ni par la femme , ni par les deux conjointement , sauf les exceptions qui suivent. »

On voit que la loi prohibe en termes formels deux sortes d'actes : l'aliénation et l'hypothèque. Qu'est-ce que l'aliénation et quelle est la mesure du mot *aliéner ?* La Loi 1 au Code, *de fundo dotali*, définit l'aliénation : *omnis actus per quem dominium transfertur.* Mais il faut entendre ce mot *dominium* dans un sens large ; c'est à dire non seulement de tout le domaine , *plenum dominium* , mais encore de chaque partie , de chaque morcellement de domaine.

L'immeuble ne saurait dès lors être grevé de droits d'usufruit, d'usage ou de servitudes. Sans doute, sa condition privilégiée ne peut l'affranchir des servitudes légales qui pèsent sur la chose indépendamment de toute convention : ainsi , par exemple , il est soumis comme tout autre à la nécessité de livrer passage au fonds voisin en cas d'enclave, car cette charge ne résulte pas de la volonté des parties, mais de la loi elle-même. *Eas alienationes lex Julia non impedit quæ potestate juris fiunt* (1). Mais l'éta-

---

(1) Pothier, sur la L. 5. § 10. ff. *de Jure dot*

blissement de la moindre servitude conventionnelle constituerait une aliénation prohibée.

L'aliénation comprend la vente, l'échange, la donation : donner, ce n'est pas seulement aliéner, c'est perdre, disait la loi romaine. Néanmoins, les donations entre époux sont permises à cause de leur révocabilité. Mais la femme (et il est bien entendu qu'il s'agit toujours ici de la femme soumise au régime dotal) peut-elle disposer de sa dot par testament ?

Nous n'hésitons pas à admettre l'affirmative : l'inaliénabilité n'existe et n'a de résultat que pendant la durée du mariage ; elle s'évanouit aussitôt qu'il est dissous ; la dot peut, dès lors, être l'objet d'une disposition à titre gratuit qui ne doit avoir effet qu'au décès de la femme, et que celle-ci peut toujours révoquer. Ce fut admis sans contestation dans la séance du Conseil d'État du 13 vendémiaire an XII.

Quid de l'institution contractuelle ? Quelques auteurs ont soutenu sa validité ; ils ont dit : L'institution contractuelle n'est qu'un testament irrévocable qui ne prive aucun des époux des avantages de la dot. Si la femme devenue veuve veut se remarier, elle apporte à son second mari tous les bénéfices matériels de la chose ; si elle a des enfants, leur survenance fait tomber la donation : elle ne nuit donc à personne, et ne s'exécute que sur des biens qui auront perdu l'empreinte de la dotalité.

Ces mots *testament irrévocable* sont sans doute fort surpris de se trouver accouplés pour donner naissance à une analogie qui ne saurait exister. C'est précisément parce que le testament est essentiellement *révocable*, et qu'au contraire l'institution contractuelle est irrévocable, que l'on ne peut raisonner de l'un à l'autre sans établir une assimilation fautive. Le testament n'a aucun effet qu'après le décès du testateur ; l'institution contractuelle, au contraire, produit *hic et nunc* un effet important. Elle dépouille l'instituant, en faveur de l'institué, d'un élément essentiel de la propriété, et cela actuellement, irrévocablement. Sous ce rapport c'est bien plutôt une donation qu'un testament. Aussi la femme a-t-elle besoin pour y procéder de l'autorisation maritale dont elle peut cependant se passer pour faire un testament. Nous ne pouvons donc admettre la doctrine qui valide l'institution contractuelle des biens dotaux (1).

La prohibition embrasse-t-elle la transaction que ferait le mari sur des contestations relatives à ces mêmes biens? Si l'on devait appliquer absolument la maxime : *qui transigit, alienat*, il faudrait répondre affirmativement. Mais le régime dotal a des règles à part, on le sait : c'est dans les traditions du passé qu'il faut chercher les règles qui lui sont propres. Or, en ce qui touche la transaction consentie par le mari, nous avons vu qu'on faisait autrefois une distinction fort sage. La prohibition d'aliéner n'emportait pas celle de transiger quand la transaction avait pour effet de laisser entre les mains des époux la chose dotale, de la leur conserver. *Maritus potest transigere de re dotali*, disait-on, *retinendo, non alienando*. Souvent, en effet, les concessions réciproques qu'amène la transaction peuvent constituer des actes d'excellente administration sans entraîner aucune diminution de la dot. Sa validité dépendra donc de la nature de ses résultats : on devra la maintenir toutes les fois qu'elle aura

(1) Zachariæ, T. III, p. 578. — Rodière et P., p. 371. — *Contrà* Bellot, IV, p. 123. — Duranton, T. IX, p. 720. — Troplong, n° 3272.

dégagé une situation périlleuse et consolidé le droit de la femme au lieu de l'amoindrir. Telle était la règle anciennement suivie ; elle est trop équitable pour qu'on ne la suive pas encore aujourd'hui

D'autres actes encore, à cause de leur nature particulière, ont soulevé des controverses. C'est ainsi qu'on se demande si la femme dotale peut renoncer à une succession : non, disent certains, parce que dès l'instant où elle s'ouvre, la femme est saisie de plein droit de la masse héréditaire ; de ce moment, par conséquent, les biens du défunt, devenus biens d'une femme dotale, sont frappés d'inaliénabilité : or, la renonciation est une véritable aliénation ; c'est même une aliénation des plus fâcheuses, puisqu'elle aurait lieu sans équivalent pour la femme. D'ailleurs, ajoutent-ils, si la loi eut voulu permettre cette renonciation, elle l'eut évidemment réglementée ; ce qu'elle n'a pas fait.

Cette dernière remarque est fondée, et ce n'est pas la seule lacune qu'on trouve dans notre chapitre. Mais ce serait d'autre part méconnaître l'esprit et le but du régime dotal que de dire à la femme : vous serez héritière, malgré vous et malgré votre intérêt. Ce régime pourrait ainsi devenir pour elle une cause de ruine, au lieu de la protéger. Il faut donc qu'elle puisse renoncer quand son intérêt l'exigera. Au reste, l'art. 775 dit formellement que nul n'est tenu d'accepter une succession qui lui est échue.

Maintenant prenons le cas où elle accepterait cette succession, et supposons qu'il faille la partager avec d'autres héritiers. Les époux pourront-ils provoquer le partage ? le mari le pourra-t-il seul ?

En Droit romain, on l'a vu, l'action en partage de biens indivis sur lesquels la dot devait se prendre, était refusée au mari comme impliquant une aliénation. Le partage était mis au nombre des actes qui transfèrent la propriété : *etiam alienationis nomine continetur divisio fundi communis et actio communi dividundo*, disait Cujas (1). La Loi 2 au Code , *de fundo dotali* , décidait en conséquence que le mari peut bien répondre à un partage qui lui est demandé , mais qu'il ne peut le provoquer lui-même , car alors ce serait une aliénation contraire à la loi Julia. Aujourd'hui que le partage n'a plus qu'un caractère *déclaratif*, l'action , ce nous semble , doit être mise sur la même ligne que toute autre action pétitoire, et appartenir au mari.

Mais pourra-t-il l'intenter sans le concours de sa femme ? C'est contesté par un assez grand nombre d'auteurs et d'arrêts qui se retranchent derrière l'art. 818 , en vertu duquel le mari ne peut , sans le concours de sa femme , provoquer le partage des biens qui ne tombent pas en communauté (2). La réponse est facile : cet article n'a trait qu'aux *propres* de la femme commune ; il ne peut s'appliquer au régime dotal , attendu qu'à l'époque de sa rédaction on ne croyait pas que ce régime fût admis par le législateur. Or, il y a une grande différence entre la communauté qui ne permet au mari d'exercer seul que les actions mobilières et possessoires , et la dotalité que lui donne le droit exorbitant d'intenter seul les actions même immobilières et les revendications. L'analogie fait ici défaut. L'art. 1559 est donc le seul qu'on doive considérer, et il n'y a pas de raison pour soustraire à la généralité de ses termes l'action en partage revêtue

(1) Cujas, *in Cod. de fund. dot.*
(2) Toullier, xiv, n° 156 et s. — Tessier, n° 338. — Zacharie, T. iii, p 571. — Rodière et Pont.

du nouveau caractère que lui a attribué le Code Napoléon.

Qu'on n'objecte pas que l'intérêt de la femme peut souvent, dans un partage, être opposé à celui du mari, ce dernier ayant intérêt, par exemple, à recevoir en place d'immeubles des valeurs mobilières dont il pourrait disposer à son gré ; que le concours de l'autre époux est dès lors utile pour prévenir un pareil résultat. Ce résultat sera difficile à produire du moment que le partage se fera en justice : or, nous croyons que l'esprit de la loi repousse ici tout partage fait amiablement (1).

Imprescriptibilité. — En prohibant l'aliénation de l'immeuble dotal, il fallait nécessairement en défendre la prescription. Prescrire, c'est acquérir ; laisser prescrire, c'est aliéner : l'art. 1561 est dès lors une conséquence naturelle de l'art. 1554. Cette raison n'est pas la seule, car on va voir tout à l'heure que la prescription peut courir alors que la séparation de biens vient donner à la femme l'administration de sa fortune, et néanmoins l'immeuble reste alors inaliénable. L'imprescriptibilité ne constitue donc pas dans tous les cas un corollaire de l'inaliénabilité, et doit s'expliquer aussi par l'impuissance où se trouve la femme d'agir durant le mariage contre les détenteurs des biens dotaux. Ce motif est placé sur le premier plan dans la Loi 30 au Code *de jure dot.* : il nous servira par la suite à résoudre une question controversée.

L'imprescriptibilité dotale souffre quelques exceptions : 1° La prescription court utilement pendant le

---

(1) Rodière et Pont, t. 2, n° 569. — Seriziat, p. 241.

mariage quand elle a commencé avant (1). La femme ne
peut que s'en prendre à son mari si par sa négligence à
revendiquer le fonds apporté en dot, il l'a laissé prescrire,
et dans le cas où l'insolvabilité du mari rendrait son
recours illusoire, elle ne pourrait inquiéter le tiers acquéreur. Le mari ne pourrait même être accusé de négligence si lors du mariage la prescription était tellement
imminente, qu'il ne lui manquât que quelques jours pour
être accomplie (1562) ;

2° L'immeuble dotal est prescriptible quand il a été
déclaré aliénable par le contrat. A moins toutefois que
cette aliénation ne soit subordonnée à quelque condition
de remploi ;

3° L'immeuble dotal est encore prescriptible après la
séparation de biens. On a considéré que par l'effet de la
séparation la femme ayant recouvré le droit de jouir de
ses biens et le pouvoir de les administrer, elle pouvait
dès lors veiller elle-même à leur conservation, exercer
leur revendication contre les tiers acquéreurs et interrompre les prescriptions. Aussi l'art. 1561 déclare-t-il
qu'ils (les immeubles) deviennent prescriptibles après

(1) Cette exception s'explique difficilement : on la motivée (M. Odier)
sur ce que la prescription remonte, quant à ses effets, au jour où la
possession a commencé ; mais cette raison est inadmissible, car avant
de parler de la rétroactivité d'une prescription accomplie, il faut voir
si cette prescription peut s'accomplir. Or, ici, d'après le Droit commun, elle devrait être suspendue ; car lorsqu'un bien possédé par un
tiers en train de prescrire, est tout à coup frappé d'inaliénabilité, la
prescription est dès cet instant suspendue... On donne généralement
pour motif que la convention dotale étant, relativement au tiers, *res
inter alios*, ne doit pas lui nuire. M. Savigny l'explique en ce qu'en
Droit romain le défaut d'obstacle à l'usucapion ne constituait pas une
violation à la défense d'aliéner quand le mari n'avait pas lui-même
donné lieu à cette usucapion.

la séparation « quelle que soit l'époque à laquelle la *prescription* (1) a commencé. » Ici donc l'imprescriptibilité cesse d'être en rapport avec l'inaliénabilité, celle-ci subsiste, l'autre disparaît. Mais comment concilier ces deux idées que la femme ne pourra, quoique autorisée, aliéner l'immeuble dotal quand elle est séparée de biens, et qu'elle peut cependant l'aliéner indirectement en négligeant d'interrompre une prescription ? C'est que la loi protége la femme contre une aliénation directe, qui pourrait être l'effet d'un caprice instantané, tandis que l'aliénation par prescription est moins à craindre : elle ne peut s'accomplir que par une longue suite d'années et ne tente pas la femme par l'appât d'une somme d'argent.

Sur les divers cas de prescription qui peuvent courir après la séparation, il s'est élevé d'ailleurs de graves questions que nous tâcherons de résoudre dans le chapitre qui concerne l'action en révocation. Disons seulement, sauf à le prouver plus tard, qu'on doit conclure de la généralité des termes employés par l'art. 1561, 2°, que, quelles que soient les causes pour lesquelles le tiers détenteur a acquis pendant le mariage la possession de l'immeuble, il devient habile à prescrire dès que la séparation a lieu. Cela s'applique dès lors à la possession qu'il en aurait obtenue par suite de la vente à lui consentie durant le mariage par le mari, par la femme ou par tous deux conjointement. Ainsi, cette vente, qui est nulle en ce que les deux époux ont le droit de la faire révoquer, acquerra néanmoins, dans le cas de séparation survenue avant que la nullité en ait été poursuivie, l'effet de créer

---

(1) C'est la *possession* que la loi aurait dû dire, puisqu'elle vient de déclarer que la prescription ne peut commencer durant le mariage.

une possession susceptible de prescription et pouvant ainsi conduire à l'aliénation. Sous ce rapport, le § 2 de l'article 1561 fait exception à la règle générale de l'art. 1560.

Mais l'art. 2256, 2°, modifie profondément l'art. 1561 et restreint beaucoup ses cas d'application, en décidant que la prescription ne court pas contre la femme dans tous les cas où son action serait de nature à réfléchir contre son mari.

Ce sont les seuls immeubles que la loi déclare imprescriptibles. Quant aux créances dotales, le débiteur peut les prescrire avant le mariage, avant comme après la séparation de biens. On sait qu'il en était de même dans l'ancien Droit.

Effets de l'inaliénabilité sur les engagements contractés par la femme durant le mariage. — La loi prohibe toute aliénation directe ou indirecte : il en résulte que les engagements souscrits pendant le mariage soit par la femme autorisée de son mari, soit par le mari pour elle, soit par tous deux conjointement ne peuvent être exécutés sur les immeubles dotaux même après la dissolution. Ce moment arrivé, la femme doit obtenir sa dot franche et quitte de toute charge. Et de fait, dit M. Duranton, « ce n'est pas seulement l'espèce de gage spécial appelé hypothèque dont la loi a entendu prohiber l'établissement sur ce fonds pendant le mariage, c'est aussi ce gage général qu'ont les créanciers sur tous les biens de leur débiteur (2092), parce qu'il pourrait amener tout aussi bien l'aliénation de l'immeuble dotal que ne le ferait une hypothèque spéciale, un créancier n'ayant pas besoin d'hypothèque pour pouvoir faire saisir et vendre les biens de son débiteur.... (1) »

(1) Tessier, T. I, p. 320.—Duranton, xv, n° 531.—Rodière et P., etc.

M. Troplong n'est pas de cet avis : il admet bien que les obligations de la femme sont sans effet tant que dure le mariage à cause du droit du mari, mais il prétend que par la dissolution les biens perdant leur caractère dotal, l'obligation peut s'exécuter sur ces biens devenus libres. Cette doctrine est inexacte : sans doute que toute personne en s'obligeant est tenue sur tous ses biens présents et à venir (2092). Mais ce principe est évidemment inapplicable pour les biens qui, appartenant au débiteur lorsqu'il s'oblige, sont à ce moment indisponibles entre ses mains. Un bien ne saurait être enlevé à son propriétaire en vertu d'un acte consenti à un moment où ce bien était inaliénable. Différemment, que deviendrait le principe de l'art. 1554 ? Que la femme aliène en transférant actuellement la propriété, ou qu'elle se dépouille pour un temps plus éloigné, n'est-ce pas toujours aliéner ? On conçoit qu'il en serait autrement pour les biens qui n'arriveraient à la femme qu'après la dissolution, même dans le cas où elle se serait constitué des biens à venir. Ces immeubles sont, en effet, recueillis par elle à une époque où la dotalité n'existe plus, ils n'ont pas été soumis un seul instant à l'inaliénabilité, et la femme a pu les engager durant le mariage comme tous les biens libres qui pouvaient lui advenir par la suite.

Nous avons parlé des représentants de la femme : peu importe, en effet, que la prétention s'élève contre elle-même ou contre ses héritiers. Dans les deux cas, la décision est la même, puisque dans tous les deux le créancier tire son prétendu droit d'un acte qui ne lui en confère aucun, attendu qu'il a été souscrit à un moment où le bien ne pouvait être aliéné ni engagé.

Il n'y a pas à distinguer non plus entre les dettes

résultant d'une convention et celles qui procéderaient d'un quasi contrat : ainsi la femme, en acceptant purement et simplement une succession, s'engage bien à toutes les conséquences que le Droit commun attache à cet acte, mais l'intérêt de la dot est ici supérieur à celui des créanciers. Toute action leur est interdite sur les immeubles dotaux ; ils devront se contenter d'agir sur les biens qui composent cette succession.

Mais les dettes que la femme aurait contractées par suite de délits ou de quasi délits sont susceptibles d'être poursuivies sur la dot, même pendant le mariage ; l'inaliénabilité protége, en effet, la femme contre des engagements contractuels, mais elle ne peut être une égide pour la mettre à couvert de ses méfaits. L'art. 1310 déclare que le mineur n'est pas restituable contre les obligations résultant de son délit ou quasi délit : comment la femme, beaucoup plus coupable puisqu'elle est majeure, obtiendrait-elle plus de faveur ? Au reste, on a voulu établir le régime dotal de l'ancienne jurisprudence ; or, sur ce point, elle était unanime.

Remarquons toutefois que ces exécutions ne peuvent durant le mariage se poursuivre sur les fruits de la dot. Les fautes sont personnelles, et celle de la femme ne peut retomber sur le mari, qui n'en est pas responsable. Sans doute, s'il avait été condamné comme son complice ou il s'était constitué partie au procès conjointement avec elle, laissant ainsi présumer qu'il a profité de son délit, on pourrait poursuivre la pleine propriété du fonds ; mais s'il n'est pas en faute, s'il ne fait que prêter à sa femme un concours secourable et extrajudiciaire, son usufruit doit être respecté.

II. *A quels biens :* — L'art. 1554 ne parle que des immeubles, il garde le silence sur les revenus. Que décider
à leur égard ? Sont-ils frappés d'inaliénabilité comme le
bien lui-même ? Cette question ainsi posée , peut éton-
ner à première vue ; car la dot étant destinée à la satisfaction des besoins du ménage, il est clair qu'il faut que
les époux puissent tirer parti des revenus et par conséquent
les aliéner. Et, de fait, on ne peut étendre aux fruits échus
aucun des privilèges attachés à l'objet auquel ils doivent
leur origine ; en cet état, ils sont parfaitement disponi-
bles soit pour la société conjugale dans laquelle ils entrent,
soit pour la femme qui les recueille seule après la sépa-
tion. Mais notre question porte sur les fruits à échoir....
Précisons : le mari , par exemple, peut-il consentir une
délégation sur les fruits futurs de bien dotal ?

Il nous paraît qu'il y a sur ce point très controversé
trois opinions bien distinctes. La première dit que les
fruits futurs sont aliénables comme les fruits perçus ,
parce qu'aucun texte n'en prononce l'inaliénabilité.
L'on ajoute que , dans le cas où ils seront détournés de
leur destination , la femme aura toujours le remède de
la séparation de biens. Ce système est inadmissible.
Quelle serait , en effet , l'utilité de l'inaliénabilité du
fonds s'il était permis d'en aliéner la puissance pendant
toute la durée du mariage. En résultat final on se trouverait souvent dans la nécessité de demander au juge
l'autorisation d'aliéner l'immeuble lui-même pour fournir des aliments à la famille (1558). Quant au remède
proposé, il ne ferait que déplacer le danger sans le faire
disparaître.

La seconde opinion transige avec la première : elle
enseigne que les fruits futurs ne sont ni tout à fait alié-

liénables ni tout à fait inaliénables. Si d'une part il n'y a pas de texte qui prononce l'inaliénabilité de ces revenus, de l'autre il faut que la dot reçoive sa destination; d'où l'on tire cette conclusion que les fruits futurs né sont aliénables que pour l'excédant des besoins de la famille.

Enfin, le troisième système, que nous adoptons, se prononce pour l'inaliénabilité générale des fruits futurs. Sans doute il faut que la dot reçoive sa destination, mais il n'y a pas lieu à la distinction que fait l'opinion précédente entre le *nécessaire* et le *superflu*. Cette d'stinction est vicieuse et arbitraire. Quand on considère le texte, on reconnaît que ces fruits sont ou aliénables ou inaliénables *pro toto;* d'ailleurs ce qui fait que la dot est inaliénable, ce n'est pas sa destination puisque, on le sait, cette destination est la même sous tous les régimes, et que cependant l'inaliénabilité n'existe que sous le régime dotal. Ce qui fait que la dot est inaliénable, ce n'est pas l'art. 1550 mais bien l'art. 1554 qui déclare inaliénable toute la dot et non pas une partie, plus ou moins, en proportion avec les besoins du ménage. Comment concevoir un tribunal appelé à fixer les besoins d'une famille et la quotité des revenus de la dot indispensable à la satisfaction de ces besoins? La dot ne doit-elle pas assurer non seulement le strict nécessaire; mais encore, quand elle est considérable, l'aisance et le bien-être?

Nous sommes donc pour l'inaliénabilité complète des fruits à échoir : ils forment une partie intéressante du fonds dotal lui-même, et en cet état toute disposition qu'on en pourrait faire constituerait une véritable aliénation du fonds ou tout au moins de son usufruit, soit que cette aliénation fût faite par un acte exprès, comme

3

serait une vente de l'usufruit ou un transport de fermages à échoir, soit qu'elle résultât d'une obligation qui conférerait au créancier le droit de saisir-arrêter et de s'approprier les fruits au fur et à mesure de leur échéance.

Dot mobilière. — Nous abordons ici la question célèbre de la matière, celle qui jusqu'à ces derniers temps a divisé le plus profondément la doctrine et la jurisprudence, et qui mérite, en effet, un examen des plus sérieux à raison de l'état actuel des fortunes en France. Disons, tout d'abord, que malgré les nombreuses contradictions qu'il a rencontrées, le principe de l'inaliénabilité mobilière a fini par prévaloir, grâce aux chaleureux défenseurs qu'il a trouvé parmi les dotalistes, grâce surtout à la Cour suprême qui n'a pas cessé de lui donner l'autorité qui s'attache à ses graves décisions.

Et pourquoi n'en serait-il pas ainsi ? pourquoi l'intérêt de la femme et de la famille ne recevrait-il pas dans tous les cas une égale protection ? pourquoi ferait-on des distinctions ? L'ancienne jurisprudence n'en faisait pas. Aussi les partisans de l'inaliénabilité se fondent-ils sur certaines expressions de la loi moderne. L'art. 1554 ne parle que des immeubles ; ce texte est exclusif, disent-ils, et remontant à la première source de l'inaliénabilité, c'est à dire, à la loi Julia, ils ajoutent victorieusement qu'elle ne parlait aussi que du fonds, du capital immobilier. Singulière manière de raisonner pour interpréter le vrai sens d'une loi principe, dont les conséquences se produisent chaque jour, que de rapprocher deux formules éloignées de dix-neuf siècles pour dire : la loi est identique, sans tenir aucun compte du progrès de la législation depuis cette époque !

La véritable raison de l'inaliénabilité, nous l'avons déjà dit, n'est pas dans la loi Julia : cette loi tendait uniquement à favoriser les seconds mariages, et son esprit est contraire à notre loi moderne, qui voit les seconds mariages avec défaveur, au point de frapper de certaines incapacités les femmes qui se remarient (306, 399; 400). Le vrai motif qui s'est perpétué depuis Justinien jusqu'à nous, c'est de fortifier la femme contre l'ascendant de son mari. Laissons donc de côté l'argument tiré de la loi Julia, et constatons que si Justinien, en consacrant la prohibition, ne parle, à son tour, que des immeubles, c'est qu'il avait garanti d'autre part à la femme, comme on l'a vu, la conservation de sa dot mobilière au moyen d'un ensemble de mesures protectrices sur lesquelles nous ne reviendrons pas, et qui constituaient un équivalent de l'inaliénabilité.

Que si l'on veut se rapporter à l'ancienne jurisprudence, on sait que sauf quelques dissentiments de détail, auteurs et Parlements étaient unanimes pour refuser à la femme, quoique autorisée de son mari, le droit d'aliéner même indirectement sa dot mobilière. C'était un adage reçu dans tous les pays de Droit écrit que *dot des femmes ne peut se perdre.* « S'il faut recourir à la raison, disait Henrys, à propos de trois arrêts qui appliquent le principe, il y a plus d'apparence d'ôter aux femmes le pouvoir de vendre ou d'engager leurs biens dotaux que de le leur laisser. Outre cette règle générale, qui veut que le public s'intéresse à la dotation des femmes, il est notoire que c'est un avantage commun aux familles, qu'y arrivant de la disgrâce et de la déroute, il y ait quelques ressources pour la femme et les enfants ; que celle qui aura porté une bonne dot ne soit pas réduite à men-

dier l'assistance de ses proches ; que ceux-ci, qui avaient
eu une naissance avantageuse , ne soient pas dans la
nécessité de chercher leur pain... , bref que dans un
naufrage, il leur reste quelques tables de ces débris... ,
que si les tiers se sont assurés sur l'obligation de la
femme , ils ont pu apprendre que c'était un appui aussi
faible que son sujet et que se pouvant faire relever , ils
doivent en appréhender l'événement. »

Or, si telle était l'opinion dominante lors de la pro-
mulgation du Code , est-il croyable que les rédacteurs
aient voulu la proscrire par cela seul qu'ils n'ont parlé
que des immeubles, dans plusieurs articles de notre chapitre ? C'est d'autant moins admissible qu'il y avait alors
de nouveaux motifs pour la consacrer impérieusement.
En effet, l'abrogation du sénatus consulte Velléien enlevait à la dot mobilière une de ses plus précieuses garanties ; d'autre part, les rentes mobilisées par le Code , le
numéraire devenu plus commun rendaient ces espèces
de dot beaucoup plus fréquentes. Restreindre dès lors
l'inaliénabilité aux immeubles , c'eut été supprimer le
régime dotal pour les femmes qui n'auraient que des
meubles à se constituer en dot , et les condamner à subir
l'influence maritale d'autant plus à craindre qu'elle prend
sa source dans la plus puissante affection. Ce régime
manchot n'eut pas été de nature à satisfaire les récla-
mations énergiques des habitants du midi, qui voulaient
le maintien de leur droit traditionnel , c'est à dire, une
protection efficace et complète , et non pas des espéran-
ces décevantes et des garanties illusoires. On était donc
amené à sanctionner les anciens principes , et c'est ce
qu'on fit, comme il est aisé de le voir en lisant la discussion qui s'engagea au Conseil d'État sur l'inaliénabilité

en général. L'esprit de la loi nouvelle s'y révèle de la manière la plus nette.

Quand arriva le tour de l'art. 138, qui supprimait toute espèce d'inaliénabilité, Portalis fit remarquer que si *la dot* était déclarée aliénable, le *système des pays de Droit écrit* était entièrement sacrifié... Cambacérès ajouta qu'il ne voyait pas, en effet, les motifs de cette innovation, qu'on pouvait s'abstenir de *toute disposition* de détail, qu'il n'y avait simplement qu'à décider que les parties pourraient prendre le *Droit écrit pour règle de leur contrat de mariage.* Et ce système fut si bien adopté, quoique la proposition du Consul n'ait pas été acceptée, qu'à la séance du 4 brumaire an XII, Portalis l'invoque comme devant servir dans la pratique à l'interprétation d'un autre article dont la rédaction paraissait insuffisante. Ajoutez à cela, que tous, partisans et adversaires de l'inaliénabilité, en discutent toujours le principe, en vue, non pas de l'*immeuble dotal*, mais des *biens dotaux*, du *patrimoine*, en un mot, de la *dot* sans distinction (1).

On oppose à ces raisons, que la rubrique de la section parle seulement de l'inaliénabilité du *fonds* dotal ; mais tout le monde sait que le mot *fonds* n'a pas chez nous le sens restreint qu'avait à Rome le mot *fundus*, qui ne s'appliquait qu'aux immeubles, aux fonds de terre. On l'emploie à tout instant dans notre langage juridique pour désigner aussi un capital mobilier (fonds publics), ou encore un ensemble de valeurs quelle qu'en soit la nature (fonds commun d'une société). Quant à ce qui nous concerne, il signifie tout simplement *biens dotaux.*

On objecte enfin, nous l'avons dit en commençant, le

(1) Locré, T. XIII, p. 206 et s., et 231.—Fenet, T. XIII, p. 573 et 596.

texte de l'art. 1554, qui se réfère expressément aux seuls *immeubles*. Cette particularité s'explique en ce que la prohibition d'hypothéquer se compliquait dans la pensée du législateur avec l'idée de l'inaliénabilité ; c'est ce qui fait qu'il ne parle que des immeubles , ces derniers étant ceuls susceptibles d'hypothèque. D'ailleurs, d'après sa nature et par les dispositions complexes dont elle était l'objet dans la loi , la propriété mobilière ne pouvait se prêter comme les immeubles à la formule générale de l'art. 1554. Cet article n'a trait qu'à la faculté de disposer ; on ne pouvait donc l'appliquer aux meubles qui sont, on le verra tout à l'heure, aliénables et transmissibles par le mari. On ferait, en l'invoquant , une confusion capitale entre la dot considérée en elle-même , et les objets dont elle se compose. Ses objets sont aliénables ou non selon leur nature mobilière ou immobilière; mais la dot, c'est à dire la créance de la femme , son droit à la restitution des biens apportés au mari , est toujours inaliénable , doit toujours être conservée quelle que soit d'ailleurs la nature des biens. C'est pour n'avoir pas fait cette distinction entre le droit et l'objet du droit, que certains auteurs ont mal compris le principe de l'inaliénabilité et persistent à vouloir le restreindre aux seuls immeubles.

L'induction qu'on voudrait tirer de l'art. 1554 serait donc évidemment forcée, surtout si l'on considère que, dans les textes suivants , quand la loi veut poser une règle applicable à toute espèce de dot , elle se sert du terme générique de *biens dotaux*. Tel est le cas des articles 1555 et 1556, qui permettent l'aliénation pour l'établissement des enfants. Quelle serait , nous le demandons, l'utilité de cette expression générale, si elle n'avait

entendu parler que des immeubles ? En somme, il eut
fallu, en présence de l'ancien Droit et pour y déroger,
une disposition formelle qui ne se trouve nulle part : ce
n'est pas avec un *à contrario* qu'on peut introduire dans
la législation un changement aussi radical.

Cela dit, examinons avec quelque détail la portée que
doit avoir ici le principe d'inaliénabilité : et, d'abord,
ce principe s'appliquera toujours en ce sens que la dot
mobilière ne pourra être atteinte par les obligations que
la femme contracterait pendant le mariage avec l'autorisation de son mari. Ces obligations ne pourront s'exécuter que sur les paraphernaux, si elle en a. A cet égard,
donc, point de différence entre les meubles et les immeubles ; le créancier ne pourra pas plus saisir les uns que
les autres. C'est admis par tous les partisans de l'inaliénabilité de la dot mobilière. Quant à l'aliénation directe
des meubles qui composent la dot, leur transmission
facile exige que le principe de l'inaliénabilité se combine
à leur égard avec d'autres règles non moins certaines.
Diverses hypothèses peuvent se présenter.

S'il s'agit de choses fongibles, par exemple d'une
somme d'argent, ou d'effets mobiliers non fongibles esti-
més, mais sans déclaration que l'estimation n'en fait
pas vente, ils sont nécessairement aliénables ; le mari
en acquiert la propriété, toute disposition lui est permise, et la femme, à raison d'une semblable dot, se
trouve simplement créancière de son mari pour la valeur
de ces objets.

Si la dot consiste en meubles corporels non fongibles,
le mari n'en est pas alors propriétaire, mais la vente qui
en serait faite serait néanmoins inattaquable ; le tiers
acquéreur ne pourra être inquiété en raison de la maxime :

en fait de meubles, possession vaut titre. Il importerait
peu que la vente fût faite par les deux époux conjointement ou par le mari seul, car celui-ci ayant incontesta-
blement la possession des meubles dont il n'a pas la propriété, cette possession suffit en principe pour valider
l'aliénation qu'il en fait. Ce résultat est d'autant moins
choquant que leur aliénation est en quelque sorte une
condition essentielle de leur nature. L'affection que le
propriétaire leur porte n'est le plus souvent qu'une affection passagère suivant les variations de la mode ; ils sont
faciles à détruire, et la femme a plus à gagner en recevant la valeur qui les représente qu'en conservant des
effets si prompts à se déprécier. Voilà pourquoi, d'après
l'art. 1551, une simple estimation en transfère la propriété au mari. Le droit de la femme se réduira donc
encore ici à une créance sur les biens de son mari.

Enfin, si la dot consiste en meubles incorporels, tels
que titres de créances, lettres de change, actions, etc...,
devra-t-on dire comme pour les meubles réels qu'en cas
de vente tout recours sera fermé à la femme contre les
acquéreurs, en vertu de la maxime : *en fait de meubles,
possession vaut titre ?* il faut distinguer : l'affirmative ne
paraît pas douteuse à l'égard des titres au porteur ou
transmissibles par voie d'endossement, car ce mode équi-
vaut à une tradition manuelle. Si le mari les aliène, la
femme ne pourra donc les revendiquer en nature.

Que s'il s'agit d'autres titres non transmissibles par
cette voie, tels que rentes sur l'État ou sur des particu-
liers, cette maxime ne suffirait plus pour protéger l'acquéreur ; car il est reconnu, en Droit, qu'elle s'applique
seulement aux meubles corporels, susceptibles d'une
tradition manuelle, ou tout au plus aux effets de com-

merce et titres analogues , dont la cession s'opère aussi facilement que celle de ces objets. Il semblerait donc que le cessionnaire, soit du mari, soit de la femme, dût être exposé au remboursement des sommes par lui touchées. Mais il ne faut pas oublier que le mari, comme administrateur de la dot, a des pouvoirs très étendus. Ne peut-on pas dire dès lors que le transport qu'il fait des créances, rentre dans les actes d'administration , que le droit qu'il a de recevoir pendant le mariage le remboursement des capitaux constitués en dot, lui donne celui de transmettre ces mêmes capitaux avant leur exigibilité ? C'est la doctrine qu'a adopté la Cour de Cassation , et nous ne voyons guère la possibilité d'en admettre une autre.

En effet, le terme étant généralement stipulé en faveur du débiteur, ce dernier est libre d'anticiper sa libération. S'il le fait , le mari acquiert la faculté de disposer par anticipation des fonds provenant du remboursement des créances dotales , et si cela peut arriver par l'effet de la volonté purement arbitraire du débiteur, on ne voit pas pourquoi le mari n'aurait pas cette disposition anticipée au moyen de la cession qu'il ferait de ces mêmes créances. Plutôt que d'en poursuivre le paiement par des voies souvent difficiles et dispendieuses, il les cède à un tiers. Pourquoi l'es blâmer ? il peut en faire aujourd'hui un placement avantageux ; plus tard peut-être, il ne le pourra plus. Lui refuser cette latitude, c'est gêner son administration. Les droits de la femme ne risquent rien ; ils sont suffisamment gardés par son hypothèque légale. M. Bellot des Minières prétend cependant que ce serait fournir au mari le moyen de compromettre impunément les intérêts de la femme, en faisant des transports au dessous de leur valeur numérique , en agissant avec mauvaise foi sans qu'il y eût moyen de la contrôler. C'est

une erreur : le transport doit équivaloir à un remboursement fait par anticipation. Pour le faire, le mari devra
donc recevoir la totalité de la créance ; dans tous les cas,
il sera toujours réputé l'avoir reçue à l'égard de sa
femme, et lui devra compte non pas du prix réel du
transport, mais du montant même de la somme trans-
portée. S'il avait attendu jusqu'à l'échéance et que la
créance eut péri par sa faute, il n'aurait été tenu de rendre que ce qu'il aurait réellement reçu (1567) ; au contraire, s'il la cède, il devra à sa femme le montant inté-
gral de la créance aliénée, quelque perte qu'il ait éprou-
vée dans cette opération. Cette cession donc, outre qu'elle
peut être très utile pour lui, ne lèse en rien les droits
de la femme.

Au surplus, que se passait-il dans l'ancien Droit qu'on
ne doit jamais perdre de vue quand on étudie le régime
dotal ? Catelan nous dit que : « Le mari étant le maître
absolu des obligations données en dot et pouvant les
nover et en *retirer paiement comme bon lui semble*, ses
créanciers peuvent les saisir et arrêter entre les mains des
débiteurs sans que la femme puisse s'y opposer ; il suit
encore qu'en paiement de ses dettes propres, le mari
peut céder ces obligations comme les siennes, et après
leur cession et leur acceptation par les débiteurs, la
femme, quelque privilége qu'elle puisse avoir pour la
répétition de sa dot, ne peut agir sur ces obligations
même existantes et non payées, ni les saisir. » De même,
Serres : « Le mari est le maître absolu des sommes,
actions, obligations et hypothèques dotales, et peut les
aliéner comme il le juge à propos... » (1) Ces textes, comme

_____

(1) Catelan, l. 1, c. 17 et Vedel. — Serres, p. 193. Ce n'était guère
que dans le Parlement de Bordeaux que les créances de la femme n'é-

tant d'autres qu'on pourrait citer, sont précis et péremptoires. On doit donc reconnaître au mari, tant qu'une séparation judiciaire n'est pas venue briser son administration, la libre disposition des meubles même incorporels que la femme a apportés en dot.

Mais alors, nous demandera-t-on, en quoi consiste le principe de l'inaliénabilité de la dot mobilière ? Récapitulons : le mari aliène des choses fongibles, des meubles corporels, des effets de commerce, des titres de créance : toutes ces aliénations sont valables, mais dans tous ces cas la femme devient sa créancière ; ses droits se résument en une créance dotale protégée par une hypothèque. C'est cette hypothèque qui est la véritable garantie de sa dot mobilière ; quand le mari n'a pas d'immeubles qui puissent en être affectés, les parents de la femme auront été imprudents de n'avoir pas pris d'autres précautions. C'est cette hypothèque qui est inaliénable ; ni le mari, ni la femme, ni les deux époux ensemble ne pourront faire aucun acte qui, de près ou de loin, puisse l'amoindrir ou la détruire. Telle est la décision que nous adoptons, conforme à celle de la Cour suprême.

En somme donc, la dot mobilière est inaliénable en ce sens que la femme ne peut en aucune façon se départir de l'hypothèque légale attachée à la conservation de ses droits. Quant aux meubles eux-mêmes, l'inaliénabilité qu'on voudrait leur appliquer s'efface devant les nécessités qui résultent tant de leur nature même, que des pouvoirs attachés à l'administration du mari. Celui-ci peut en disposer de la manière la plus absolue. « On a

taient pas sujettes aux dettes du mari. On y considérait les meubles non fongibles comme absolument inaliénables, même par le mari.

parfaitement compris que la nécessité de donner une
garantie aux femmes ne pouvait aller jusqu'à enlacer dans
une immobilité artificielle et fatale pour le commerce
quotidien à la vie domestique, des choses dont la nature
est mobile, et qui tirent leur principale utilité de leur
facilité à s'échanger. La femme elle-même serait lésée
dans ses intérêts si aujourd'hui, que la richesse mobilière
a acquis un si grand développement, où tant des femmes
sont dotées avec des rentes sur l'État, des actions de
chemins de fer, etc., un mari prévoyant ne pouvait prévenir une baisse en les aliénant qand elles sont en hausse.
Au surplus, si les femmes trouvent que ce droit de disposition du mari est exorbitant, elles peuvent s'en garantir par des clauses d'emploi. Elles sont libres à cet égard ;
elles ont toute latitude dans le contrat de mariage » (1).

M. Troplong, dont nous citons les paroles, admet bien
les mêmes résultats que la jurisprudence, mais il leur donne une toute autre cause que le principe d'inaliénabilité.
Une seule chose, selon lui, doit être interdite à la femme,
c'est le droit de renoncer durant le mariage à son hypothèque légale, même en faveur de ses propres créanciers,
ce qui tient uniquement, dit-il, à ce que l'hypothèque
étant un *jus in re*, un démembrement de la propriété
immobilière rentre aussi dans la règle de l'art. 1554. Il
explique toutefois la prohibition absolue dont la femme
est atteinte, en ce que cette dernière ayant transmis
tous ses droits à son mari pendant le mariage, ne peut
les exercer : le mari, dit-il, est seul maître et propriétaire de là dot dont elle s'est dépouillée, la femme ne
peut, par conséquent, en disposer. Il en conclut, dès lors,

(1) Troplong. n° 3457.

que la femme n'étant pas incapable d'engagements avec
l'autorisation de son mari, puisque ces engagements sont
dans tous les cas exécutoires sur ses paraphernaux , les
créanciers pourront se pourvoir, sur les biens dotaux ,
dès l'instant que cessera le droit du mari qui faisait obstacle à celui de la femme (1).

M. Marcadé approuve aussi la double donnée de la
jurisprudence, d'une part que la femme ne peut disposer
de la dot mobilière tant que le mariage subsiste, d'autre
part que le mari a , au contraire, la libre disposition des
meubles dotaux; mais il s'écarte un peu des raisons données par M. Troplong. D'après lui, cette libre disposition
appartient au mari, non en vertu d'un droit de propriété ,
car, sauf les exceptions qui supposent et confirment la
règle , il n'est qu'usufruitier, mais , en vertu des droits
qu'il tient de la femme, dont il est le *procurator*. Celle-ci,
par suite de la transmission qu'elle lui a faite, se trouve
dès lors incapable , et les arrêts se sont mépris en envi-
sageant comme l'inaliénabilité de la chose, ce qui n'était
que l'incapacité de la personne , méprise d'autant plus
regrettable qu'entraînés par l'habitude , ils ont refusé à
la femme même séparée, la libre disposition de ses meubles dotaux , et ont ainsi maintenu cette prétendue inaliénabilité à une époque où l'incapacité n'existait plus (2).

Ces deux systèmes renferment des exactitudes qu'il est
facile de relever. Ce qui prouve d'abord , à l'encontre de
M. Marcadé, que l'inaliénabilité proclamée par la jurisprudence ne se résume pas en l'incapacité de la femme, c'est
que dans l'ancienne jurisprudence , à laquelle les rédacteurs ont voulu se conformer, le consentement du mari ,

(1) Troplong, nos 3263, 3252, 3253, 3255. 3263.
(2) Marcadé, art. 1554, no 11.

pas plus que son prédécès, n'aurait pu valider l'aliénation qui aurait été faite par la femme. Comment rattacher dès lors à son incapacité l'inaliénabilité dont la dot mobilière est frappée entre ses mains ? Si c'est la position de dépendance où elle se trouve qui fait obstacle à son droit, comment ce droit demeurerait-il paralysé quand le prédécès ou le consentement du mari peut faire cesser l'obstacle ? D'un autre côté, M. Troplong veut que la femme ne puisse agir sur sa dot mobilière, parce que, durant le mariage, le mari en serait propriétaire. Mais cette prétendue propriété du mari est contraire aux textes les plus positifs ! Le Code l'assimile toujours à un usufruitier (1562); il suppose toujours que la femme est propriétaire, soit en créant des hypothèses dans lesquelles le mari peut le devenir exceptionnellement (1551 et 1552), soit en édictant que l'aliénation, dans les cas où elle est permise, sera faite par la femme avec l'autorisation de son mari, et non par celui-ci directement. Quelques tribunaux ont pu dire, en consacrant l'inaliénabilité de la part de la femme, que le mari ayant la *propriété* ou la *libre possession* des meubles dotaux, l'art. 1554 leur était inapplicable ; mais nulle part la jurisprudence, quand elle a eu à statuer directement sur les droits du mari, ne lui a attribué la qualité de propriétaire. Enfin, il n'est pas plus juste de dire que si la femme ne peut renoncer à son hypothèque légale, c'est que cette hypothèque est un droit immobilier tombant sous le coup de l'art. 1554. Nous avons déjà donné les raisons qui nous empêchent de considérer l'hypothèque comme un démembrement de la propriété. Mais d'ailleurs, en admettant qu'il en fût ainsi, on sera amené à dire que le droit qu'a le mari de recevoir le capital mobilier et d'en disposer, devrait

être également arrêté par le principe d'inaliénabilité dès
qu'à ce capital viendrait se joindre un accessoire immobilier, une hypothèque. Telle n'est pas assurément la
pensée de la loi. On ne peut admettre que l'accessoire
même immobilier d'une créance, puisse la faire ranger
elle-même parmi les biens immobiliers ; que celui qui
aurait capacité pour disposer du principal, ne l'eût plus
quand il ne s'agirait que de l'accessoire. Il faut donc, en
définitive, attribuer au principe de l'inaliénabilité l'impuissance dans laquelle se trouve la femme d'amoindrir
en quoi que ce soit son hypothèque légale.

Que s'il survient une séparation de biens, la position de
la femme ne sera pas changée, car le mariage n'est pas
dissous par la séparation, ses charges subsistent toujours
et doivent être supportées conformément au pacte primitif et fondamental. Elle devra administrer ses biens
dotaux de manière à ce qu'ils ne puissent être ni divertis
ni dissipés. Ses créanciers ne pourront les saisir pour
dettes contractées soit avant, soit après la séparation, car
la dot ne doit jamais tourner au profit des tiers. L'ancienne
jurisprudence allait même jusqu'à décider que la femme
séparée ne pourrait exiger la restitution de sa dot mobilière qu'à la charge de faire emploi ou de donner caution (1). Elle avait compris combien, sans de pareilles
sûretés, la dissipation des deniers dotaux serait facile.
Nous pensons que cette règle doit être encore aujourd'hui
suivie : il est vrai que ces sages précautions n'étaient pas
requises expressément par la loi romaine ; mais quoiqu'on
puisse soutenir avec succès qu'elles étaient dans son esprit,
on peut encore répondre que ce n'est pas en définitive

(1) Catelan, IV, 26. — Julien, Stat. de Prov., T. II, p. 570. — Faber,
C. 5, 7, def. 2.

... ..nt romain que les rédacteurs du Code ont surtout
...... se référer.

Les droits du mari ne peuvent être la mesure de
ceux de la femme. Le mari répond de son administration sur toutes ses facultés mobilières ou immobilières,
actuelles ou futures ; l'hypothèque légale de la femme
la protége suffisamment contre la dissipation de son
mari. Mais ces garanties disparaissent quand, par suite
de la séparation, elle reçoit ses capitaux mobiliers.
Il est vrai, comme le dit la Cour de Cassation, que
cette réception ne constitue pas une aliénation, mais il
n'en est pas moins vrai aussi que dès l'instant que la
femme les a reçus, elle est entièrement maîtresse d'en
disposer de la main à la main, à titre gratuit ou onéreux,
ce qui va assurément, dit M. Tessier, et contre le principe de l'inaliénabilité qui n'a rien perdu de sa force ;
et contre le but de la séparation qui n'est pas de facili-
ter à la femme la dissipation de sa dot, mais de lui en
assurer la conservation (1).

Tout le monde est, du reste, d'accord quand la condition d'emploi est imposée au mari dans le contrat. Et
même en l'absence de cette clause, la cour de Limoges
a décidé que les tribunaux peuvent décider par interprétation de l'intention des contractants, que la dot ayant été
livrée au mari en considération des garanties que présen-
taient ses biens personnels, la femme, si elle veut après la
séparation toucher cette dot, doit offrir les mêmes moyens
de conservation que ceux existant lors du mariage (2).

(1) Tessier, T. 1, n° 550. — Benoit, T. 1, n° 321. — Benech, n° 137
et 138. — *Contrà* Duranton, xv, 188. — Zacharie, T. III, p. 595. —
Rodière et P., T. II, n° 886.

(2) Limoges, 11 juillet 1857.

CHAPITRE II.

DES EXCEPTIONS AU PRINCIPE DE L'INALIÉNABILITÉ DE LA DOT.

Le principe de l'inaliénabilité de la dot reçoit plusieurs exceptions, mais pour que rien ne soit laissé à l'arbitraire, le législateur a pris soin de les spécifier d'une manière précise : il a corrigé en cela l'ancienne jurisprudence sous laquelle une foule de décisions en avaient restreint ou étendu le nombre selon le temps et les lieux. Ces exceptions sont indiquées dans les art. 1555-1559 du Code Napoléon.

Première exception. — Elle est introduite en faveur de l'établissement des enfants de la femme dotale. L'article 1555 porte en effet : « La femme peut, avec l'autorisation de son mari, ou sur son refus, avec permission de justice, donner ses biens dotaux pour l'établissement des enfants qu'elle aurait d'un mariage antérieur ; mais si elle n'est autorisée que par la justice, elle doit réserver la jouissance à son mari. » Et l'art. 1556 ajoute : « Elle peut aussi, avec l'autorisation de son mari, donner ses biens dotaux pour l'établissement de leurs enfants communs. »

Nous n'avons ici qu'une remarque à faire ; c'est que, pour établir ses enfants d'un premier lit, la femme peut se passer de l'autorisation de son mari ; tandis qu'elle ne peut, au contraire, s'en passer quand il s'agit d'enfants communs. L'intérêt que, comme père, le mari peut avoir à s'opposer à un établissement désavantageux pour

4

son enfant , le besoin de maintenir l'autorité paternelle et maritale justifient cette distinction.

Le mot *établissement* s'entend de tout ce qui peut ouvrir une carrière à l'enfant et lui donner une position dans le monde. On y comprend même le remplacement militaire. Il faut reconnaître pourtant que cette solution force un peu les termes de la loi , et nous croyons qu'il faudrait , pour la justifier entièrement, quelqu'autre circonstance, par exemple , que le père et la mère étant infirmes et dans l'impossibilité de subvenir à leurs besoins, l'on put considérer le fils comme leur unique soutien. Le mot *enfants* embrasse aussi les petits-enfants , qui méritent la même faveur.

On serait dans le cas de notre exception si la femme , au lieu de donner ses biens dotaux , les hypothéquait pour le même objet. Qui peut le plus, peut le moins. La question est cependant controversée : nous allons en parler sous l'exception suivante.

Deuxième exception. — « L'immeuble dotal, dit l'article 1557 , peut être aliéné lorsque l'aliénation a été permise par le contrat de mariage. »

Cette disposition n'était même pas nécessaire en présence du principe établi dans l'art. 1387. On s'est quelquefois basé sur elle pour soutenir que l'inaliénabilité n'est pas de l'essence du régime dotal. C'était un tort. En usant , en effet, de la faculté accordée par l'art. 1557, on ne fait que changer la nature de la créance dotale ; à la dissolution du mariage , la femme aura à réclamer des sommes au lieu d'avoir à réclamer le fonds, et son action en restitution n'en sera pas moins intacte. Cet article ne dit qu'une chose : que les époux peuvent stipuler l'inaliénabilité dés immeubles dotaux et soumettre ainsi les biens de la femme aux principes qui régissent la dot mobilière ; mais, nous le répétons , cela ne touche en rien l'inaliénabilité de la créance qui subsistera toujours.

Toute déclaration de ce genre doit, comme exceptionnelle , être interprétée restrictivement. Ainsi la permission de *vendre* n'entraînerait pas celle d'*aliéner*, car la vente n'est qu'une espèce d'aliénation. Mais lorsque la faculté générale d'*aliéner* aura été stipulée, emportera-t-elle celle d'*hypothéquer* ? Si le contrat ne tolère l'aliénation que sous certaines conditions, par exemple : à charge d'emploi, on décide sans difficulté qu'elle n'implique pas la concession d'hypothèque. Si l'aliénation est permise purement et simplement , il y a controverse, et la jurisprudence penche en général pour la négative. Elle admet bien que par le contrat de mariage la dot peut être rendue susceptible d'hypothèque , mais elle maintient que quand les parties n'ont mentionné dans ce contrat que la faculté d'aliéner, il n'en résulte pas pour elles le droit d'hypothéquer le fonds dotal.

Nous sommes d'une autre opinion : Si , à l'époque de la loi Julia , on distinguait entre l'aliénation et l'hypothèque , cette distinction avait déjà disparu sous Justinien, et la Loi 7 au Code, *de Rebus al; non al.* , statue à l'égard de tous les biens indistinctement que dans le cas où l'aliénation serait prohibée , l'hypothèque le serait également. Aussi tenait-on, dans les pays de Droit écrit, que la permission d'aliéner entraînait celle d'hypothéquer ; et cette raison est déjà péremptoire, car c'est dans l'ancien Droit qu'on doit chercher l'esprit de la loi nouvelle. Il est vrai que l'art. 1554 mentionne distinctement les deux actes ; mais après les avoir prohibés, il ajoute *in f.* : « sauf les exceptions qui suivent. » Or, ces mots seraient un non sens relativement à l'hypothèque si l'on suivait le système de la Cour suprême, car les exceptions qui suivent ne disent pas un mot de l'hypothèque : ce qui ne peut évidemment s'expliquer qu'en admettant que la réserve d'*aliéner*, mise dans l'article 1557, est générale, et qu'elle embrasse naturellement l'hypothèque dont on n'a pas voulu répéter le mot à satiété.

D'ailleurs, si l'on admet que l'art. 1557 n'accorde jamais que la seule faculté d'aliéner, dans quel texte puisera-t-on le droit qu'on reconnait cependant aux époux de stipuler en se mariant la faculté d'hypothéquer le bien dotal ? Ce ne peut être dans l'art. 1337, car cet article, par son renvoi à l'art. 1388, n'admet la liberté des conventions matrimoniales que sous la défense expresse de déroger aux dispositions prohibitives du Code; et, dans l'espèce, on dérogerait à la règle restrictive de l'art. 1557. Il faut donc reconnaître que cette restriction n'est pas dans l'esprit de la loi. Au surplus, l'art. 7 du Code de Commerce est décisif : il porte que les immeubles dotaux de la femme marchande, ne peuvent être aliénés ou *hypothéqués* que dans les *cas déterminés par le Code*. Or, il n'y a pas d'autres cas que les nôtres (1).

Et non seulement nos raisons doivent s'appliquer à l'hypothèse prévue par l'art. 1557, mais encore à l'exception des art. 1555 et 1556, comme à celles que nous allons trouver dans l'art. 1558. La femme pourra hypothéquer ses immeubles pour l'établissement de ses en-

---

(1) Troplong, no 3365. — Rodière et P., T. ii, no 500. — Taulier, v, p. 301. — Marcadé, 1557, 1o.

fants, pour tirer son mari de prison, etc..., comme elle
peut en pareil cas les aliéner. Dans tous ces textes la loi
ne parle, il est vrai, que d'aliénation, mais l'on comprend
toute l'inconséquence qu'il y aurait à proscrire l'hypothèque, surtout dans les cas où les tribunaux sont appe-
lés à apprécier l'opportunité de l'acte (1).

La clause d'aliéner emporte évidemment le droit de
transiger, car, pour transiger, il suffit d'avoir la libre
disposition des objets compris dans la transaction. Mais
emporte-t-elle celui de compromettre ? Non, a-t-on dit,
car le pouvoir de transiger n'implique pas celui de compromettre (1989), et cependant il est le même que celui
d'aliéner (2045). D'ailleurs, les causes des femmes dotales sont communicables au ministère public (83, C. Pr.),
et l'on ne peut compromettre sur ces causes (1004,
C. Pr.) Nous répondons : pour transiger, il faut avoir,
c'est vrai, la capacité d'aliéner, mais la faculté de transiger n'est pas pour cela la même que celle d'aliéner ; voilà
pourquoi le mandat de transiger n'emporte pas celui de
compromettre. Il est encore vrai, d'autre part, que le
ministère public doit veiller à ce qu'il ne soit porté aucune
atteinte à l'intégrité de la dot, mais il n'y a plus de motifs
de surveillance quand l'aliénation est, comme dans notre
espèce, permise par le contrat de mariage.

En somme, et pour ne pas multiplier les espèces, disons
que toutes les autorisations contraires au principe de
l'inaliénabilité doivent être entendues dans un sens res-
trictif. En déclarant qu'elles adoptaient le régime dotal,
les parties ont, en effet, suffisamment annoncé leur désir

(1) Duranton, xv, 192.—Tessier, note 576.— Grenier, Hyp., T. 1,
n° 31. — Rodière et P., T. 11, n° 511. — Troplong, n° 3357.

d'assurer la conservation de la dot. Il leur est loisible d'en adoucir la rigueur ordinaire, mais on ne peut outrepasser leur intention présumée. Quoique la Cour suprême ne connaisse pas, en général, de l'interprétation des actes, elle peut, néanmoins, réviser en cette matière les interprétations des Cours d'appel, car ce sont ici des questions de fait qui dégénèrent en questions de droit.

Par qui et comment l'aliénation peut-elle être faite ? Il faudra suivre les termes de la convention si elle s'explique à cet égard. Mais, dans le cas contraire, est-ce au mari ou à la femme qu'appartiendra le droit de vendre ? Plusieurs auteurs décident que ce droit ne peut pas appartenir au mari seul, parce que la femme est propriétaire de la dot ; et nous suivons cette opinion. Le mari n'aura ce pouvoir qu'autant qu'il lui sera expressément accordé dans le contrat de mariage, et il faut décider qu'en dehors de ce cas l'acte ne pourra être consenti que par la femme et le mari conjointement, ou par la femme autorisée de son mari. Nous pensons, du reste, contrairement à l'avis de certains, que l'autorisation maritale peut être suppléée par celle du juge, pourvu que la jouissance soit réservée au mari. Ce principe nous semble résulter des art. 217, 219, 1557 et 1555.

La vente n'est valable qu'autant que toutes les conditions stipulées au contrat sont accomplies. La plus usitée de ces conditions consiste dans le remploi du prix de l'aliénation. Si le mode n'en est pas déterminé, il doit être fait en immeubles à l'abri d'éviction, et dans tous les cas l'acquéreur doit le surveiller et exiger qu'il se fasse régulièrement. A défaut, il risque d'être plus tard évincé par la femme ou par ses héritiers. C'est sa faute, en effet, s'il n'a pas en achetant consulté les clauses du contrat de mariage. La permission d'aliéner et les conditions qui y sont attachées sont inséparables : il n'a pu connaître l'une sans être instruit en même temps des autres. Il pourra donc, tant que le remploi n'est pas effectué, refuser de payer le prix. S'il a eu l'imprudence de s'en dessaisir avant son accomplissement, il aura le droit de faire condamner le mari, en cas de refus, à consigner une somme suffisante pour le couvrir des suites de l'éviction à laquelle il est exposé.

On s'est demandé lorsque, sous l'empire d'une clause de ce genre, la vente a eu lieu, si c'est le prix de la vente ou la valeur réelle du bien vendu qui doit faire la valeur du remploi. Cette question met en présence deux intérêts également respectables : l'intérêt de la femme et l'intérêt des tiers. Il est difficile de les concilier ; aussi différents systèmes se sont-ils produits. Dans un premier, on dit : puisque les époux peuvent vendre, ils peuvent fixer le prix ; autrement il ne serait pas vrai de dire qu'ils peuvent vendre, car le prix est un des éléments essentiels de la vente. Le prix convenu, fixé, stipulé, sera donc le véritable prix et devra servir de règle pour fixer la valeur du remploi. Dans un second, au contraire, plus favorable à la femme, on soutient que c'est non pas le prix de la vente, mais la valeur réelle de l'immeuble aliéné qui doit servir de base. L'autre opinion, dit-on, favorise trop la fraude et livre la dot à des dangers sans nombre. Qui ne voit que si le prix se trouvait inférieur à la valeur réelle de l'immeuble vendu, il y aurait aliénation non remplacée de toute la différence entre ces deux termes? D'ailleurs, il ne s'agit pas du remplacement d'un prix arbitrairement fixé, mais du remplacement d'un immeuble.

Quel parti prendre ? Nous croyons que dans le silence
du contrat de mariage , c'est le prix sérieux de la vente
qui doit fixer la valeur du remploi. La distinction qu'on
voudrait faire entre la *valeur réelle* et *le prix*, vraie dans
le langage économique , est entièrement fausse dans la
langue du Droit ; car, en Droit, les choses ne sont pas considérées d'une manière abstraite , mais , au contraire ,
sont envisagées d'une manière relative , et n'ont qu'une
valeur de convenance que l'on appelle *le prix*, prix qui
doit être fixé par les parties. Quel serait l'acquéreur qui
voudrait courir de pareilles chances, affronter toutes ces
incertitudes? La cause de remploi perdrait toute son efficacité ; tous ses avantages seraient neutralisés. S'il y a
dissimulation au préjudice de la femme, celle-ci pourra
être admise à le prouver , car la fraude fait exception à
toutes les règles , et bien que l'art. 1436 dise que « la
récompense n'est due à la femme que sur le pied de la
vente, quelque allégation qui soit faite touchant la valeur
de l'immeuble aliéné , » on comprend que si cet article
a pour but d'empêcher les querelles sur la valeur d'achat
et la valeur réelle , il suppose néanmoins que le prix a
été sérieux et sincère (1).

Mais qui devra supporter les frais et loyaux-coûts?
La question est délicate : certains les mettent à la charge
de l'acquéreur sans qu'il lui soit permis de les imputer
sur le prix, car alors la dot serait diminuée. D'autres
les mettent à la charge du mari , car, en général, c'est
pour son avantage que la vente se fait, et puis, il lui
serait facile, au moyen de plusieurs reventes, de perdre
la dot de la femme en frais de mutations. M. Benech,

(1) M. Benech, p. 210.

à l'avis duquel nous nous rangeons, combat fortement
ces solutions et veut que les frais soient supportés par
la femme. En effet, la diminution nécessaire qu'éprou-
vent les valeurs mobilières pour se transformer en valeurs
immobilières, ne doivent pas être considérées comme
une perte réelle et absolue pour l'acheteur; elle est
largement compensée par les avantages de stabilité et
de sécurité attachés à la possession des immeubles.
La femme doit subir les conséquences naturelles des
clauses qu'elle a insérées dans son contrat de mariage.
D'ailleurs, elle a dû en achetant s'informer des frais
et loyaux-coûts, pour avoir un rabais sur le principal.
Toutefois, si le mari s'avisait de faire plusieurs emplois
successifs, la femme ne supporterait que les frais du
dernier, car elle ne profite que de celui-là.

Les immeubles acquis en remplacement peuvent à
leur tour être aliénés et remplacés. Le remploi a pour
but, en effet, de procurer la faculté de disposer de la
dot toutes les fois que cela peut être utile, tout en as-
surant sa conservation; et ce but ne serait qu'imparfai-
tement atteint, si l'on était obligé de s'en tenir à une
première aliénation (1).

L'article 1558 énumère à son tour différents cas
d'exception à la règle de l'inaliénabilité; il porte:
« L'immeuble dotal peut encore être aliéné avec permission de justice et aux enchères avec trois affiches,
pour tirer de prison le mari ou la femme, pour fournir
des aliments à la famille dans les cas prévus par les
articles 203, 205 et 206 au titre du mariage, —
pour payer les dettes de la femme ou de ceux qui ont

(1) Rodière et P., T. II, n° 556.

constitué la dot, lorsque ces dettes ont une date certaine
antérieure au contrat de mariage, — pour faire de grosses réparations indispensables pour la conservation de
l'immeuble dotal; enfin, lorsque cet immeuble se trouve
indivis avec des tiers et qu'il est reconnu impartageable. » Ces divers cas, à la différence des premiers, sont
fondés sur la nécessité la plus impérieuse; aussi la justice est-elle appelée à connaître de leur sincérité. Repre-
nons-les :

Troisième exception. — Pour tirer de prison le mari
ou la femme. La loi ne distingue pas, comme autrefois,
si la cause de l'emprisonnement est civile ou criminelle.
Mais il faut, bien entendu, que cet emprisonnement
soit sérieux et ne résulte pas d'une ruse combinée avec
un tiers pour arriver frauduleusement à une aliénation
prohibée. Le tribunal est maître aussi de refuser son
autorisation s'il voit que le mari est un dissipateur in-
corrigible et que son élargissement ne serait d'aucune
utilité pour la famille. L'incarcération réelle de l'époux
est-elle indispensable pour que l'aliénation puisse être
autorisée, ou suffit-il que l'incarcération soit imminente
et prochaine? Le texte ne parle que d'un débiteur à
tirer de prison, et non d'un débiteur simplement *menacé*.
Or, il s'agit ici d'une exception qui ne peut être étendue. Une
contrainte par corps qui peut-être ne se réaliserait jamais,
ne peut donc être un motif suffisant. Enfin, comme l'argent de la femme a servi à payer les dettes du mari, et
que nul ne doit s'enrichir aux dépens d'autrui, il est
évident que si le mari revient à meilleure fortune, il
doit indemniser sa femme de ce dont elle l'a libéré.

Quatrième exception. — Pour fournir des aliments à la famille dans les cas prévus par les art. 203, 205 et 206 au titre du mariage. C'est là, en effet, la première destination de la dot; mais on ne devra toutefois l'employer de la sorte qu'autant que les revenus seront insuffisants. Du reste, on sait que l'obligation alimentaire ne comprend pas seulement la nourriture proprement dite, mais encore le logement, les vêtements et même les frais d'éducation.

L'aliénation, quoique l'article se taise, peut *à fortiori* être permise pour fournir des aliments aux époux eux-mêmes.

Cinquième exception. — Pour payer les dettes de la femme ou de ceux qui ont constitué la dot, lorsque ces dettes ont une date antérieure au contrat de mariage. Pour rendre toute fraude impossible au principe de l'inaliénabilité, la loi suppose par une présomption *juris et de jure* que toute dette n'ayant pas acquis date certaine avant le contrat de mariage, a été contractée depuis. Remarquons que le texte ne parle que de dettes antérieures au *contrat*. Est-ce une erreur de rédaction? Non: Il ne saurait être permis à une femme de rendre inutile sa constitution dotale, en faisant après le contrat et avant la célébration, des dettes plus ou moins considérables. Il ne faut pas que la bonne foi du mari soit surprise. Il est vrai que l'art. 1410 exige seulement pour que la communauté soit tenue des dettes de la femme, que la date en soit antérieure au mariage, c'est à dire à la célébration. Mais on ne peut s'étayer d'un article qui prévoit un cas si différent : la communauté ne commence qu'au jour du mariage; dès lors, si la femme contracte des dettes avant cette époque, elle n'altère en rien le pacte nuptial; il y a simple diminution de l'actif. Au contraire, la femme dotale en s'engageant dans le même intervalle pourrait facilement anéantir sa dot et violer manifestement les art. 1395 et 1396. Ses dettes doivent donc avoir date certaine, antérieure au contrat; mais dès que cette condition existe, le fonds dotal peut être aliéné sur sa demande avec les conditions requises (1).

La permission de justice n'est nécessaire qu'autant que les époux veulent aliéner la chose pour aller au-devant des créanciers et les payer spontanément. Quant aux créanciers eux-mêmes, notre disposition leur est inutile, car de deux choses l'une : ou ils ont conservé leur droit d'action sur les immeubles malgré la constitution de dot, et ils n'ont dès lors aucune permission à demander pour agir, ou la constitution le leur a fait perdre, et le tribunal ne peut leur donner alors un droit que la loi leur refuse. Ainsi les créanciers de la femme n'auront pas action sur les immeubles constitués par un tiers, puisqu'ils sont entrés dans le patrimoine de leur débiteur pour y rester hors du commerce. Ils pourront, au contraire, agir sur les immeubles de la femme : 1° Si elle s'est constituée tous ses biens, car toute universalité est tenue de son passif; il n'y aura donc de dotal que ce qui restera, déduction faite des dettes; 2° si l'immeuble était avant la constitution de dot hypothéqué à leur profit; 3° s'ils établissent que cette constitution a été faite en fraude de leurs droits; mais si le mari n'y a pas participé, ils ne pourront agir que sur la nue propriété. Hors de ces trois cas, ils n'ont pas

(1) Bellot des M., iv, p. 107. — Duranton, xv, n° 514. — Tessier, p. 121.

d'action ; car tous les actes par lesquels le débiteur mo=
difie son droit de propriété, modifient de même le gage
de ses créanciers ; or, si l'immeuble n'est plus à sa
disposition, il ne peut être davantage à la leur ; ils n'ont
pas le droit de saisir un bien qui ne pourrait lors de la
saisie être aliéné par le débiteur lui-même (1).

Réciproquement, les créanciers des tiers constituants
n'auront jamais action sur les biens constitués par la
femme, car ils n'ont jamais appartenu à leur débiteur ;
ils l'auront au contraire sur ceux constitués par lui ; dans
les trois cas ci-dessus et pour les mêmes raisons.

Il ne s'agit donc pas des créanciers dans notre article,
mais des époux. C'est eux qui peuvent obtenir du juge
la permission de vendre pour payer les créanciers, et alors
il n'y a pas plus de distinction à faire entre ceux de la
femme ou du constituant, qu'entre ceux qui ont ou non
le droit d'agir. Pour ces derniers, surtout, la disposition
est utile, car à défaut et si la femme n'avait pas de paraphernaux, ils risqueraient de ne pouvoir être payés
pendant la durée du mariage. Disons en finissant qu'elle
est aussi utile pour la femme à l'égard des créanciers
qui ont le droit d'agir, pour éviter la honte et les frais
d'une expropriation.

Sixième exception. — Lorsqu'il s'agit de faire de
grosses réparations indispensables pour la conservation
de l'immeuble. Les réparations de pur entretien ne sont

(1) Dans un autre système, on leur accorde le droit d'agir sur la
nue propriété, car, dit-on, l'immeuble, quoique dotal, n'en reste pas
moins dans le patrimoine de la femme. (Duranton, xv, 512. — Rodière
et P. ii. 518.)

pas de nature à autoriser la vente ; elles sont une charge de l'usufruit du mari.

Septième exception. — Lorsque l'immeuble se trouve indivis avec des tiers et qu'il est reconnu impartageable. C'est l'application de ce principe de droit commun écrit dans l'art. 815, d'après lequel nul n'est tenu de rester dans l'indivision. Remarquons seulement qu'il faut, pour que la licitation soit permise, le concours de deux conditions : 1° Que cet immeuble soit indivis avec des tiers, 2° qu'il soit reconnu impartageable. L'on doit au reste considérer comme impartageable l'immeuble qui ne peut être divisé sans une dépréciation notable. Une fois que la licitation est opérée, si elle a pour effet d'adjuger l'immeuble à d'autres qu'à la femme, il doit être fait emploi du prix que celle-ci reçoit ; et dans le cas où c'est la femme ou le mari agissant pour elle qui est devenu adjudicataire, le fonds n'est frappé de dotalité que jusqu'à concurrence de la partie qu'elle possédait auparavant. Mais lorsque l'adjudication a été faite au mari seul, doit-on la considérer comme faite au mari ou à la femme ? En d'autres termes, à la dissolution du mariage le mari pourra-t-il retenir tout l'immeuble en payant à la femme la valeur de portion, ou la femme pourra-t-elle le réclamer en remboursant à son mari le prix qu'il a payé pour l'excédant ? La question est posée et résolue dans la loi 78 au Digeste, *de Jure dotum.* Elle décide que dans ce cas, le mari devra restituer le fonds en recevant le prix de ce qu'il aura payé au-dessus de la partie dotale.

L'article 1558 termine en disant : « Dans tous les cas, l'excédant du prix de la vente au-dessus des besoins reconnus restera dotal, et il en sera fait emploi comme tel au profit de la femme. » L'acquéreur est-il garant de cet emploi? Peut-il se refuser à payer jusqu'à ce qu'il ait été fourni? Ce n'est pas douteux. Pour la portion que représente cet excédant, la dot est restée inaliénable, et l'acquéreur est à cet égard dans la position de tout acquéreur de bien dotal; seulement, il est dans la position de l'acquéreur d'un bien dotal qui peut être vendu moyennant remploi du prix. Or, comment l'acquéreur qui ne peut justifier son acquisition qu'en invoquant cette exception conditionnelle, pourrait-il soutenir que la condition ne le concerne pas, ne le lie pas? La condition manquant, ne se réalisant pas, le principe de l'inaliénabilité n'a pas cessé de protéger l'immeuble. Donc il faut dire que l'acquéreur reste garant du remploi, donc il peut refuser de payer le montant de l'excédant, tant que ce remploi n'est pas fourni.

Cet emploi rendra-t-il dotal le nouvel immeuble? M. Tessier enseigne la négative, mais il est repris avec raison par M. Benech (1). Et de fait la seule lecture de l'art. 1558, prouve que l'emploi doit avoir pour effet nécessaire de *dotaliser* l'immeuble. « L'excédant, dit-il restera dotal, et il en sera fait emploi *comme tel*..... » Les mêmes termes se trouvent à la fin de l'art. 1558 où la pensée de la loi n'est pas douteuse.

Une question plus délicate s'est élevée sur l'article 1558 : Il est certain que dans les divers cas d'exception qu'il embrasse, la loi n'autorise l'aliénation qu'autant qu'il y a 1° sincérité dans la cause de la vente,

(1) M. Benech, p. 290, n° 131.

2° emploi réel des fonds à la satisfaction de cette cause. Dès lors, on se demande si sous ce double rapport l'adjudicataire sera responsable. Nous n'admettons pas que la femme en alléguant plus tard qu'elle ne se trouvait pas en réalité dans les conditions de l'article, puisse revenir sur des actes examinés mûrement par le juge et destinés à réagir sur des tiers. L'adjudicataire ne peut évidemment aller vérifier la cause de l'aliénation ; il s'en remet à cet égard au tribunal qui se trouve implicitement chargé par les parties, vendeur ou acquéreur, de faire cette vérification. Il suffit pour l'acquéreur que la cause invoquée rentre dans les exceptions permises ; mais il n'est pas responsable de sa sincérité.

Quant à l'emploi du prix à la satisfaction de cette cause que nous supposons sincère, nous pensons, au contraire, que l'acquéreur en est garant, parce que la vente n'est autorisée que dans un but qui doit être atteint ; c'est une condition essentielle du contrat. Toutefois, il y a une cause de vente pour laquelle cette surveillance de l'acquéreur sera fort difficile : nous voulons parler de l'aliénation autorisée pour fournir des aliments à la famille. Dans ce cas, il est impossible d'exiger que l'acquéreur soit tenu de payer à chaque instant aux mains des fournisseurs. Le tribunal lèvera la difficulté en fixant lui-même le mode, en réglant l'exécution du paiement à faire.

Huitième exception. — L'immeuble dotal peut être échangé, dit l'art. 1559 ; mais avec le consentement de la femme, contre un autre immeuble de même valeur ; pour les quatre cinquièmes, au moins, en justifiant de l'utilité de l'échange, en obtenant l'autorisation en justice et d'après une estimation par experts nommés d'office par le tribunal.

Dans ce cas , l'immeuble reçu en échange sera dotal ; l'excédant du prix , s'il y en a ; le sera aussi , et il en sera fait emploi comme tel au profit de la femme.

Comme on le voit , trois conditions sont nécessaires pour que la justice puisse autoriser l'échange : 1° le consentement de la femme, c'est à dire, en d'autres termes, le consentement des deux époux, car la loi suppose que c'est par le mari que l'autorisation d'aliéner est demandée : il est administrateur ; 2° justification de l'utilité de l'échange : celui qui offrirait un léger avantage ne devrait pas être autorisé ; 3° acquisition par le moyen de cet échange d'un immeuble de même valeur que l'immeuble dotal , pour les quatre cinquièmes au moins. Il ne fallait pas permettre, sous prétexte d'un échange, que la dot pût marcher à sa perte. Quand l'immeuble reçu en échange est d'une valeur supérieure à l'immeuble dotal, il n'est dotalisé que jusqu'à concurrence de la valeur de ce dernier. S'il est, au contraire, d'une valeur inférieure et qu'une soulte soit donnée, elle sera dotale, et l'emploi devra en être surveillé par le débiteur. Nous ne croyons pas ; du reste , comme on l'a prétendu ; que la femme puisse , en cas d'éviction du bien reçu en échange , se prévaloir de l'art. 1705 et se borner à conclure des dommages intérêts en laissant son immeuble aux mains de l'échangiste. L'art. 1559 ne permet que l'échange : aller au delà, c'est ajouter à la loi.

Tels sont les divers cas d'exception à l'inaliénabilité dotale énumérés dans le Code Napoléon. Il en existe encore quelques autres dans lesquels l'intérêt général a dû l'emporter sur la faveur due à la dot. Ainsi, par

exemple , nous avons vu que le fonds dotal était sujet
aux servitudes légales ; qu'il répondait des obligations
nées des délits de la femme. Mentionnons , pour finir ,
qu'il peut encore être exproprié pour cause d'utilité
publique (Loi, 3 mai 1841, art. 13).

CHAPITRE III.

DES EFFETS DE L'INALIÉNABILITÉ.

Le principe de l'inaliénabilité a sa sanction dans la
nullité dont sont frappées les aliénations faites en dehors
de ce que nous venons de parcourir. Lisons l'art. 1560 :
« Si hors les cas d'exception qui viennent d'être expli-
qués , la femme ou le mari ou tous les deux conjointement, aliènent le fonds dotal , la femme ou ses héritiers
pourront faire révoquer l'aliénation après la dissolution
du mariage, sans qu'on puisse leur opposer aucune prescription pendant sa durée. La femme aura le même droit
après la séparation de biens ; le mari lui-même pourra
faire révoquer l'aliénation pendant le mariage, en demeurant néanmoins sujet aux dommages intérêts de l'acheteur, s'il n'a pas déclaré dans le contrat que le bien vendu
était dotal. »

Cet article réunit trois cas d'aliénation , dans lesquels
la nullité n'est pas fondée sur la même cause et ne ressort pas uniquement de la contravention à l'inaliénabilité.
Ainsi, quand la femme ou quand le mari aliène seul , il
y a, outre le vice provenant de l'inaliénabilité, une autre
cause de nullité qui consiste , pour la femme , dans le
défaut d'autorisation maritale , et pour le mari dans la
violation de l'art. 1599, en vertu duquel la vente de la

chose d'autrui est nulle. Mais lorsque l'aliénation du
fonds est faite par les deux époux conjointement, il n'y
a plus alors ni incapacité, ni vente de la chose d'autrui,
mais seulement prohibition résultant de l'art. 1554.
C'est sous cet unique point de vue que l'action en nullité
a été considérée ici par le législateur, et c'est aussi sous
ce rapport que nous allons la considérer en signalant
toutefois en leur lieu les différences de droit qu'amènent
les autres positions. Voyons successivement quelle est
la nature de la nullité posée dans l'art. 1560 : quelles
personnes peuvent l'invoquer; ses effets ; comment elle
peut être couverte.

SECTION PREMIÈRE.

Quelle est la nature de l'action en nullité ; par qui peut-elle
être invoquée.

A s'en tenir à la discussion qui eut lieu au Conseil
d'État, on devrait considérer cette nullité comme *absolue.*
L'art. 169 du projet, tel qu'il fut adopté, portait, en
effet, que l'aliénation du fonds *dotal serait radicalement*
nulle. Mais ces expressions furent retranchées sur les ob-
servations du Tribunat, fondées sur ce qu'elles n'ajoutaient
rien à la nullité légale ; que des difficultés pourraient naî-
tre sur leur interprétation , et que l'effet de la nullité était
assez déterminé dans la rédaction de l'article par la faculté
de révoquer l'aliénation (1). Les idées de *nullité absolue,*
de *vente radicalement nulle,* furent en conséquence écar-
tées. Il en résulte que l'aliénation du fonds n'engendre

(1) Fenet, T. xiii, p. 619.

qu'une nullité relative. Qui pourra l'invoquer? Aux termes de l'art. 1560, ce sera d'abord le mari. Le droit que
la loi lui accorde ici est tout à fait opposé à ce principe
que nul ne peut revenir sur son propre fait ; il y a une sorte
de contradiction à lui accorder le droit de demander la
nullité d'un contrat qu'il a consenti lui-même. Aussi
l'opposition fut-elle vive au Conseil d'État, et si cette
faculté lui fut maintenue, c'est qu'on partait de l'idée
que l'aliénation étant radicalement nulle, pourrait être
invoquée par tout le monde. Ce principe finit par être
repoussé, nous l'avons dit, mais on ne pensa pas à modifier ce qu'avait d'inique l'exercice de cette nullité,
accordé dans tous les cas au mari. Pour la justifier, on
peut dire néanmoins qu'en invoquant la nullité de la
vente par lui faite, le mari n'agit pas en son nom personnel, mais comme administrateur, comme mandataire
légal de la femme, comme exerçant les actions relatives à la dot, dans l'intérêt de la famille : *non in suum
sed tantùm in uxoris commodum, contrà suum veniens factum* (1). C'est si vrai, que lorsque le mari fait prononcer
la nullité pendant le mariage, c'est en son nom personnel qu'il est condamné aux restitutions dues à l'acquéreur. De sorte qu'il n'y a aucune corrélation entre l'action en révocation qu'il exerce en sa qualité de mari, et
l'action qu'a l'acheteur pour se faire rembourser le prix
de la vente.

Quoiqu'il en soit, l'art. 1560 est formel. Le mari
pourra faire résilier l'aliénation que sa femme aurait faite
comme celle qu'il aurait consentie lui-même, soit en
nom qualifié, soit en son propre nom comme propriétaire

---

(1) Voet, *Pand.* 41, 1. no 19, *de rei vindic.*

des biens dotaux. Ce droit lui appartient tant que dure le mariage : cesse-t-il avec la séparation de biens ? On pourrait soutenir l'affirmative en invoquant les termes de notre article « *pendant le mariage.* » La séparation de biens, en effet, n'empêche pas le mariage d'exister. L'on pourrait même ajouter qu'il importe toujours, après comme avant cette séparation, que la dot suive sa destination. Cependant nous n'admettons pas cette solution : d'abord quant à ces mots : *pendant le mariage,* ils soulèvent la question, mais ils ne la résolvent pas ; ils peuvent fort bien, d'ailleurs, ne s'entendre que du mariage sans séparation de biens ou jusqu'à la séparation de biens. La loi a statué *de eo quod plerùmque fit.* Or, en principe, à quel titre le mari peut-il, avant la séparation de biens, demander la nullité de l'aliénation ? Ce n'est que comme administrateur ; c'est parce qu'il a les actions dotales. Eh bien ! après la séparation de biens, il n'est plus administrateur de la dot, il n'a plus les actions dotales, donc il ne peut plus agir en révocation.

Si le mari ne peut exercer l'action après le mariage, il est clair que les héritiers ont encore bien moins de droits que lui. Et même pendant le mariage, elle ne pourrait être exercée par les créanciers. Il s'agit ici, en effet, d'un intérêt de ménage auquel les créanciers doivent rester étrangers. Le droit attribué au mari est un de ces droits personnels dont parle l'art. 1166.

L'action du mari, dans son exercice, peut subir de grandes modifications par suite de l'obligation de garantie qui vient souvent s'y joindre. En aliénant le bien dotal, il s'est mis dans la position d'un vendeur ordinaire. S'il évince l'acquéreur, il sera donc responsable sur ses propres biens, tantôt du prix seulement, tantôt aussi des dommages intérêts. Le prix, il le devra toujours, et sans distinguer si l'acquéreur a connu ou n'a pas connu la dotalité de l'immeuble ; la bonne foi l'exige. Il en sera même tenu lorsqu'il n'a fait qu'intervenir au contrat pour autoriser sa femme. On présume alors qu'il a poussé cette dernière à la vente et qu'il n'a donné son autorisation que dans le but de toucher le prix.

Il devra, de plus, des dommages intérêts si la dotalité de l'immeuble ne se trouve pas indiquée au contrat. Mais, à défaut de cette indication, sera-t-il admis à prouver que l'acquéreur avait d'autre part connaissance de cette dotalité ? Nous ne le pensons pas. La première rédaction de l'article portait que le mari serait soumis aux dommages intérêts, *pourvu que l'acquéreur eût ignoré le vice de l'achat*. Mais le Tribunat pensa que ces termes donneraient lieu à des difficultés comme l'expérience l'avait appris ; qu'il serait difficile de savoir si l'acquéreur avait été ou non en état d'ignorance, qu'il valait mieux que cette preuve se trouvât dans le contrat même d'acquisition. En conséquence, ils furent remplacés par ceux-ci : *si le mari n'a pas déclaré dans le contrat que le bien était dotal*. On doit donc décider que le mari ne sera passible de dommages intérêts qu'autant que l'acte gardera le silence. S'il s'explique sur la qualité de l'immeuble, ou bien, ce qui revient au même, s'il aliène en nom qualifié, l'acquéreur n'aura droit qu'à la restitution du prix (1).

Quid, dans ce dernier cas, si le mari avait promis expressément sa garantie ? Cette promesse donnerait-elle

(1) C'est une dérogation au droit commun en matière de garantie ; mais on la justifie par le peu de faveur qu'on doit accorder dans ce cas à l'acquéreur : *legis auxilium frustrà invocat qui in legem committit*.

à l'acquéreur une action en dommages intérêts? Il y avait presque unanimité dans l'ancien Droit pour proclamer la nullité d'une clause pareille. Et de nos jours encore, Merlin partant de cette idée que l'aliénation de la dot a été prohibée dans des vues d'intérêt général, en a conclu que la nullité de la convention principale entraîne nécessairement celle de toutes les sûretés promises par le vendeur, au moins quand l'acquéreur a connu lui-même la dotalité; qu'ainsi le mari ne peut pas plus garantir la vente que se porter fort de la faire ratifier en temps utile par la femme ou par ses héritiers. Cette opinion n'est pourtant pas suivie : Il n'est pas vrai de dire, en effet, que toutes les fois qu'une aliénation a été faite au mépris d'une disposition légale et dès lors susceptible d'annulation, la clause qui garantit cette aliénation soit nécessairement soumise à la même nullité. Ce serait vrai, sans doute, s'il s'agissait d'une nullité absolue, d'ordre public; mais quand il s'agit, comme dans l'espèce, d'une aliénation simplement relative, la validité d'une pareille clause est incontestable. Ainsi, par exemple, l'obligation du mineur est annulable, et pourtant qui doute qu'elle puisse être valablement cautionnée? La loi ne veut qu'une chose: c'est que la dot reste intacte. Or, ici, elle ne souffre aucune atteinte de la garantie stipulée en faveur de l'acquéreur.

L'article 1560 accorde aussi à la femme le droit d'exercer l'action en nullité. C'est dans son intérêt qu'elle a été introduite; c'est surtout à elle de s'en prévaloir. Mais ce n'est qu'après la dissolution du mariage ou après la séparation de biens qu'elle pourra agir. Tant que dure le mariage et qu'il n'y a pas eu de séparation, elle n'a pas d'initiative à prendre.

L'action en nullité est ouverte à la femme lors même que l'aliénation provient de son fait et qu'elle s'est obligée personnellement et expressément à la garantie. Mais alors, devra-t-elle subir sur ses paraphernaux les conséquences de cette promesse? C'est notre avis. La femme pouvant, aujourd'hui que le sénatus consulte Velléien a disparu, obliger directement ses paraphernaux, elle peut les obliger indirectement soit par l'effet d'un cautionnement, soit de toute autre manière. Certains auteurs suivent pourtant une opinion contraire. La promesse de garantie, disent-ils, ne peut obliger la femme. A son égard, tout ce qui a été dit et fait est non avenu. La Novelle 61 est formelle : *Obligationem, quantùm ad mulierem, neque dictam neque scriptam esse volumus..... mulieribus quidem servantes, in ipsis immobilibus rebus, jus innovatum.* Si l'acheteur pouvait attaquer ses paraphernaux, il y aurait donc dans le contrat quelque chose d'obligatoire pour la femme; or, cela ne doit pas être : *Etsi consentiat mulier, sit omninò indemnis* (1).

Ces textes seraient en effet décisifs s'ils étaient pertinents. Mais il y a eu ici une confusion facile à démontrer. Dans la Novelle 61 Justinien prévoit le cas assez ordinaire où la femme a, conjointement avec son mari, vendu ou hypothéqué des immeubles faisant partie de la donation *propter nuptias,* et il veut que cet acte soit nul absolument et n'engage en rien la femme. Plus loin il déclare les mêmes principes applicables au bien dotal. Mais dans tout cela on ne voit pas un mot ayant trait au cas particulier où la femme, par une stipulation expresse et distincte du contrat de vente, aurait garanti

(1) Troplong, 3513 et 3514. — Marcadé, art. 1560, n°.

cette vente sur ses paraphernaux. Et cependant, la différence est grande! car, dans ce cas, un pareil cautionnement étant valable de la part de la femme, rien n'empêche qu'il ne sorte à effet, tandis que dans le cas d'une vente pure et simple, tout est nul, la femme est libre et la nullité de la vente fait tomber toute garantie de droit qui ne serait qu'une garantie de la vente elle-même (1).

La femme sera encore tenue sur ses paraphernaux des dommages intérêts qu'elle encourrait en se rendant coupable ou complice de quelque fraude, comme si elle avait déclaré seule ou avec son mari que le bien vendu était libre ou paraphernal; car chacun doit répondre du préjudice causé à autrui par son dol.

En thèse générale, avons-nous dit, c'est le mari qui sera tenu de la restitution du prix. On suppose qu'il s'en est emparé *tanquàm potentior* soit que la vente ait été faite par lui, soit qu'elle ait été faite par la femme autorisée, ou par tous deux conjointement. Toutefois, s'il était prouvé que la femme en a profité, elle serait tenue de restituer ce qui a tourné à son profit. Mais l'acquéreur aura-t-il le droit de retenir la chose jusqu'à ce qu'il soit rentré dans ses fonds? Non : la restitution du bien dotal ne doit pas subir de condition. Différemment, la révocation de l'aliénation serait illusoire.

Une question plus grave est celle de savoir si la femme n'a que l'action révocatoire, ou bien si elle a en même temps, et à son choix, une action hypothécaire

_____

(1) Argum. *a contrario*, art. 1560, 2º, Zacharlæ, T. III, p. 592. — Rodière et P., T. II, nº 592. — Tessier, T. II, p. 76. — Elle devrait des dommages intérêts s'il y avait dol ou fraude de sa part, par exemple; si elle vendait le bien comme paraphernal.

pour le recouvrement du prix de l'immeuble aliéné sur
les biens de son mari ? Il y a une opinion qui enseigne
que la femme n'a que l'action révocatoire, et elle rai-
sonne ainsi : Le but du régime dotal, c'est la conservation de la dot ; or, ce but est atteint quant aux immeubles, par l'action en nullité : rien ne peut suppléer pour
la femme leur existence en nature. Ce serait transformer
une dot immobilière en une dot mobilière, ce que la
loi ne permet pas ; car, si elle accorde à la femme une
hypothèque légale dans les art. 2121 et 2135, c'est
uniquement pour la garantie de sa dot mobilière. Il
serait, en effet, inutile, et contraire aux droits des tiers,
de la lui accorder pour le recouvrement du prix d'un
fonds aliéné, dans la propriété duquel elle peut toujours
rentrer.

Nous ne pouvons admettre ce système. L'ancienne
jurisprudence conforme à cet égard à la Loi 30 au Code
de Jure dotium, accordait, nous l'avons vu, l'option à
la femme, et le Code la lui a conservée de la manière la
plus formelle.

Cela ressort des termes de l'art. 2135 qui donne sans
distinction une hypothèque légale à la femme mariée
pour raison de sa dot et convention matrimoniales. On
comprend, en effet, que l'action en nullité ne lui suffirait pas toujours pour mettre ses intérêts à couvert, si,
par exemple, l'acquéreur les avait considérablement
dégradés ou s'il y avait fait des améliorations considérables qu'il faudrait rembourser, ce que quelquefois
la femme ne pourrait pas faire. Évidemment le but
de la loi ne serait pas rempli, si dans ces deux
cas, on ne lui accordait pas le choix d'un autre
moyen pour se remplir de ses droits. Les créanciers

du mari ne pourraient assurément se plaindre s'ils
étaient primés par une hypothèque que l'acquéreur
aurait obtenue du mari pour sûreté de la vente. Cet acquéreur ne l'a pas fait; tant pis pour lui : mais sa négligence ne peut nuire à la femme en lui enlevant le
droit de faire une option avantageuse. Mais doit-on la
lui accorder aussi pendant le mariage? Autrement dit,
la femme, au moyen de son action hypothécaire, peut-
elle se faire colloquer, même pendant le mariage, sur
le prix provenant de l'expropriation des biens de son
mari, poursuivie par les créanciers de celui-ci? On
objecte qu'en accueillant la collocation à la femme, on
lui permet de ratifier, avant la dissolution, la vente de
son immeuble dotal. D'un autre côté, l'hypothèque
légale ne serait souvent qu'un recours illusoire si l'effet
ne pouvait en être réclamé tant que le mariage subsiste.

Ces deux idées présentent chacune un inconvénient
très grave; la première entame le principe de l'inaliénabilité de la dot; la seconde expose les intérêts de la
femme au danger de ne plus avoir de garantie. Pour
combiner leurs exigences, on permettra bien à la femme
de se présenter à l'ordre ouvert pendant le mariage;
mais comme une collocation définitive impliquerait pour
elle une renonciation à son action révocatoire contre
l'acquéreur, les juges, par respect pour le principe de
l'inaliénabilité, n'ordonneront qu'une collocation provisoire, en réglant, bien entendu, le rang des créanciers postérieurs à la femme, pour le cas où celle-ci
agirait contre les acquéreurs. Quant au montant de cette
collocation provisoire, il est clair que la femme ne
pourra le toucher que lorsque, à la dissolution du ma-

riage, elle aura définitivement renoncé à l'action révocatoire (1).

L'action de la femme passe à ses héritiers. Mais
quid de ses créanciers? Pourront-ils l'exercer en son
nom? La controverse est grande!

Dans un système on considère l'action en nullité
comme un droit personnel à la femme, à ses héritiers
ou à son mari. C'est en faveur de la famille que la loi
pose le principe exorbitant de l'inaliénabilité dotale, et
ce serait exagérer la pensée du législateur, que de permettre à des créanciers d'invoquer la sanction de ce
principe, quand la femme ou ses représentants ne le
font pas (2). Cette décision se fortifie de celle qui dénie
aux créanciers de la femme le droit de poursuivre la
nullité des obligations par elle souscrites sans autorisation, et qui considèrent la faculté accordée par l'article 225, comme limitative aux personnes indiquées.
Mais la doctrine se prononce généralement dans un sens
contraire, soit d'une manière absolue (3), soit en faisant
certaines restrictions. Ainsi, Tessier et Serizlat distin-
guent entre les créanciers dont les droits sont nés durant
le mariage, et ceux dont la créance est antérieure ou
postérieure au mariage. Comme toute action est interdite aux premiers sur les biens dotaux, à moins qu'ils
ne se trouvent dans les exceptions permises, il est clair

(1) Merlin, *Quest. de Droit*, v° *Remploi*, § 9. — Delvincourt, T. III,
p. 165. — Benech, p. 231. — Troplong, *Hyp.*, n° 612. — Zachariæ,
p. 579. — Rodière et P., T. II, n° 586. — Odier, T. III, n° 1332. —
Cass., 28 nov. 1838. — Grenoble, 7 avril 1810. — *Contrà :* Grenier,
Hyp., T. I, p. 260. — Bellot, IV, p. 161. — Taulier, V, p. 338. — Seriziat, n° 191, et Benoit, T. I, n° 261.

(2) Marcadé, 1560, 5°.

(3) Zachariæ, III, p. 579, note 12. — Odier, III, n° 1336. — Benech,
p. 235.

qu'ils ne pourront s'immiscer dans ce qui concerne ces
biens; le défaut d'intérêt leur sera toujours opposable;
mais la dotalité n'existant pas pour les seconds, on ne
peut leur refuser le bénéfice de l'art. 1166 (1). M. Rodière propose une autre distinction : Tout en reconnais-
sant aux créanciers qui ont action sur la dot le droit
d'agir en vertu de l'art. 1166; il pense que si la femme
garde le silence, quoiqu'elle ne paraisse obligée par aucun
motif de conscience à respecter l'aliénation, les créanciers pourront, à son défaut, faire révoquer un acte
qui constitue une véritable libéralité faite à leur préjudice. Dans le cas contraire, ils seront repoussés, car ils
ne peuvent raisonnablement considérer, comme faisant
partie du patrimoine de leur débitrice, des biens que
celle-ci ne saurait y faire rentrer que par une injus-
tice (2). Ce système nous paraît préférable comme con-
ciliant, à la différence des autres, ce que peut avoir
de personnel le droit de la femme avec l'intérêt d'autre
part bien légitime des créanciers.

L'article 1560 n'accorde expressément qu'au mari et
à la femme le droit d'agir en révocation. Que déciderons-
nous à l'égard de l'acquéreur? Ne peut-il jamais prendre
l'initiative? Il ne le peut lorsqu'il a acheté de la femme
seule, car, en vertu de l'art. 1125, 2°, les personnes
capables de s'engager ne peuvent opposer l'incapacité
du mineur, de l'interdit ou de la femme mariée avec
qui elles ont contracté. Il ne le peut davantage lorsqu'il
a acheté du mari et de la femme conjointement, ou du
mari en nom qualité; car en achetant il a su ou il a dû
savoir que le fonds était dotal; il a acquis sciemment

(1) Seriziat, p. 280. — Tessier, ii, p. 86.
(2) Rodière et Pont, T. ii, n° 583.

un bien dont la loi prohibait l'aliénation, il ne peut invoquer une nullité qui n'existe pas en sa faveur. Mais quand la vente a été faite par le mari seul, en son propre nom et comme propriétaire du fonds, il n'est pas douteux que l'acquéreur de bonne foi ne puisse se prévaloir de la disposition générale de l'art. 1599. Cependant, a-t-on objecté, l'art. 1560, dans le cas dont s'agit, permet au mari de révoquer l'aliénation, en demeurant néanmoins sujet aux dommages-intérêts de l'acheteur : et pourtant, le vendeur de la chose d'autrui n'a pas le même droit : Quant au mari, l'aliénation des biens dotaux ne suit donc pas l'application des règles suivies en matière de vente ordinaire; comment dès lors appliquer ces règles à l'acquéreur?... Nous reconnaissons que le droit accordé au mari de révoquer l'aliénation par lui faite, constitue une dérogation exorbitante au droit commun; mais précisément à cause de la nature exceptionnelle de ce droit, comment pourrait-on l'invoquer pour refuser, par voie de conséquence, à l'acquéreur du bien dotal, la faculté qu'a de droit commun tout acquéreur de la chose d'autrui, de poursuivre la résiliation de la vente? Au surplus, telle était la doctrine établie dans l'ancien Droit, et elle est suivie par la plupart des auteurs modernes (1).

SECTION II.

Effets de la révocation.

Le principal effet de la révocation est de faire rentrer l'immeuble dans les mains de la femme ou du mari avec

(1) Roussilhe, T. 1, p. 153. — Merlin, Rep., v° *Dot*, § 9. — Duranton, xv, n° 522 et 528. — Rodière et P., ii, n° 595. — Tessier, note 691.

tous les accroissements naturels qu'il a pu recevoir. Mais que doit-on décider relativement aux fruits recueillis par l'acquéreur et aux améliorations par lui faites ?

Quant aux fruits, on fait une distinction fort simple : s'agit-il de fruits perçus pendant le mariage ? l'acquéreur ne devra pas les restituer ; c'est au mari qu'ils appartenaient ; il a pu en disposer, et il l'a fait implicitement en laissant subsister la vente. S'agit-il des fruits échus depuis la dissolution du mariage ou depuis la séparation de biens ? l'acquéreur, s'il est de bonne foi, ne les devra que du jour où le vice de son contrat lui est connu ; s'il est de mauvaise foi, il les devra à partir de la dissolution ou de la séparation.

Quant aux améliorations, plantations et constructions nouvelles que l'acquéreur aurait faits sur l'immeuble, on doit suivre la règle de droit commun posée dans l'article 355 ; c'est à dire que si l'acquéreur est de mauvaise foi, la femme aura le choix d'en exiger la suppression ou de les retenir en lui remboursant la valeur des matériaux et de la main d'œuvre sans égard à l'augmentation de valeur que le fonds a pu recevoir ; si l'acquéreur est de bonne foi, la femme devra lui rendre le prix des matériaux et de la main d'œuvre ou une somme égale à celle dont le fonds a augmenté de valeur. Mais l'acquéreur pourra-t-il retenir l'immeuble jusqu'à ce qu'il ait été payé de cette plus value ? Cette faculté lui était accordée dans l'ancien Droit : on la lui conteste sous le Code, car, dit-on, en la lui accordant, ce serait reconnaître que la dot peut être engagée valablement pour cette cause, et créer au principe une exception que la loi n'a pas établie. On peut répondre que cette raison n'empêche pas d'accorder le droit dont s'agit au mari pour les impenses uti-

les qu'il a faites sur le fonds ; dès lors pourquoi les refu-
serait-on au possesseur de bonne foi ?

L'acquéreur évincé de l'immeuble a droit à la restitution du prix, et suivant les cas à des dommages intérêts.
C'est un point que nous avons déjà traité ; nous n'y
reviendrons pas. Arrivons à la dernière section de notre
chapitre:

SECTION III.

Diverses manières dont l'action peut être couverte.

L'action en révocation est produite, comme on l'a dit,
par une nullité purement relative ; or, il est de l'essence
de ces nullités d'être couvertes par certains faits postérieurs au contrat, celle dont nous nous occupons peut
l'être de trois manières :

1° *Par la ratification.* — Pour qu'elle soit valable , il
faut qu'elle ait lieu lorsque le principe d'inaliénabilité a
cessé d'exercer son empire, c'est à dire, après la dissolution du mariage. Quand même la séparation de biens
aurait rendu à la femme une certaine partie de ses droits,
la ratification resterait toujours prématurée. Elle serait
néanmoins valable durant le mariage si elle était conte-
nue dans une disposition testamentaire, car le testament
n'a d'effet qu'à un moment où la dotalité n'existe plus.

La ratification peut être expresse ou tacite : L'exécution volontaire de la vente, de la part de la femme ou de
ses héritiers , constitue une ratification tacite (1338).
Mais devra-t-on considérer comme une exécution volontaire suffisante pour créer une fin de non recevoir, le fait

par la femme d'avoir reçu les intérêts du prix de l'aliénation ? On tenait généralement pour la négative dans
l'ancienne jurisprudence ; actuellement nous croyons que
la solution doit dépendre des circonstances. Le juge appré-
ciera ; tenons toujours que dans le doute la ratification
ne se présume pas.

2° *Par la confusion.* — La révocation est impossible
quand le droit d'exercer l'action et l'obligation de garantie se trouvent réunies sur la même tête. Cette règle a
été exigée en maxime de Droit. Supposons donc que le
mari ayant vendu le fonds comme propriétaire ou en nom
qualifié, mais avec promesse de garantie, la femme de-
vienne son héritière. Elle sera tenue comme telle, envers
l'acquéreur, à la restitution du prix et à des dommages
intérêts résultant de l'éviction, ce qui annihilera le droit
de révocation qu'elle tient d'autre part de l'art. 1560.
Il en serait autrement si le mari n'était tenu à aucune
garantie.

Ainsi encore les enfants communs , bien que du chef
de la mère ils puissent revendiquer l'immeuble aliéné ,
ne pourraient pas intenter l'action s'ils acceptaient purement et simplement la succession de leur père , dans
tous les cas où ce dernier eut été obligé de garantir la
vente. Pour qu'elle leur fût ouverte , il faudrait qu'en
répudiant l'hérédité paternelle ils eussent ainsi répudié toutes les conséquences de sa garantie , ou , tout au
moins , qu'ils n'eussent accepté sa succession que sous
bénéfice d'inventaire. Ce que nous établissons relativement aux enfants s'applique également à tous ceux qui
seraient à la fois héritiers du père et de la mère.

Si c'est le mari qui devient héritier de sa femme , on

6

fait la même distinction entre le cas où il serait tenu
de la pleine garantie et le cas où il n'en est pas tenu.
S'il a vendu en son nom personnel ou s'est formellement porté garant de l'éviction, la responsabilité qu'il
a assumée ne doit pas s'évanouir ; il est tenu par ses
promesses et son fait personnel ; il sera dès lors non
recevable à agir.

Mais s'il n'a fait qu'autoriser sa femme ou n'a vendu
qu'au nom de celle-ci sans contracter aucune obligation
personnelle, le droit de révocation qui appartenait à sa
femme passera sur sa tête. Dans ce cas, en effet, on ne
peut lui opposer la maxime *quem de evictione....* La circonstance fortuite que le vendeur est devenu l'héritier
du vrai propriétaire ne peut procurer à l'acquéreur un
avantage sur lequel il ne devait pas compter. Au surplus,
c'était l'opinion la plus communément suivie dans l'ancien Droit (1).

3° *Par la prescription.* — Par quel laps de temps se
prescrit l'action révocatoire ? Pour le déterminer, il faut
préciser la nature que revêt cette action suivant que
l'aliénation émane du mari ou de la femme.

Dans le premier cas, c'est à dire, quand le mari
aliène seul, nous avons déjà eu occasion de dire que
c'était une véritable action en revendication. Le mari
n'était pas propriétaire de l'immeuble dotal ; or, celui
qui n'est pas propriétaire ne peut transférer aucune propriété, pas même une propriété imparfaite ou rescin-

(1) Voet, *ad Pand.* vi, 1, 19. — Brodeau sur Louet, *som.* 12.— Dupérier, *Quest. not.,* l. 1, *quest.* 9.— Tessier, n° 82, B et n° 83. — Rodière et Pont, ii, n° 581. — Troplong, 3352 et 3353. — Bellot des Minières, iv, 209.

dable. L'aliénation tombe alors sous le coup de l'article 1599. La prescription sera, dans ce cas, non pas libératoire de l'action en rescision, mais acquisitive, et s'accomplira pour l'acquéreur par trente ans, s'il est de mauvaise foi (2260), par dix ou vingt ans, s'il est de bonne foi (2265).

Si la femme a vendu seule l'immeuble dotal, on ne peut nier qu'il y ait alors une véritable aliénation : La dotalité de l'immeuble et l'incapacité de la femme qui n'a pas requis l'autorisation maritale, l'empêchent d'être pleinement valable; mais ces deux vices ne font pas obstacle à son existence. La femme n'aura donc qu'une action en nullité prescriptible par dix ans (1304). La prescription n'a pas ici le même caractère que dans le premier cas; elle n'est plus acquisitive, mais libératoire : l'acquéreur prescrit, non pas afin d'arriver à acquérir la propriété de l'immeuble, mais afin de se libérer de l'action en révocation.

Enfin, dans le cas où l'immeuble dotal a été aliéné par la femme autorisée de son mari, une action en nullité est ouverte encore, fondée sur l'inaliénabilité de cet immeuble et prescriptible aussi par dix ans.

Mais dans ces diverses hypothèses quel sera le point de départ de la prescription? Ici s'est élevé une vive controverse : D'après l'art. 1560, la femme ou ses héritiers peuvent faire révoquer l'aliénation *après la dissolution du mariage, sans qu'on puisse leur opposer aucune prescription pendant sa durée; la femme a le même droit après la séparation de biens.* D'autre part, l'art. 1561 déclare les immeubles dotaux *imprescriptibles pendant le mariage..., mais prescriptibles cependant après la séparation de biens.* Il semble résulter de ces deux textes combinés que la femme qui ne peut interrompre la prescription tant qu'elle n'a pas l'exercice des actions relatives à sa dot, peut, au contraire, et doit l'interrompre quand la séparation de biens vient lui rendre l'administration de ses biens. C'est ce qu'on décidait avec raison en Droit romain et dans l'ancienne jurisprudence. Aussi, la loi fait-elle dès ce moment cesser pour elle le bénéfice de l'imprescriptibilité. Mais ceci n'est pas admis par tout le monde. Voici comment raisonnent les partisans de la négative : l'art. 1561, 2' ne se combine pas avec l'art. 1560 pour le modifier, disent-ils; il se concilie parfaitement avec lui. L'art. 1560 suppose une prescription libératoire de l'action en révocation de l'aliénation consentie par les époux séparés ou réunis; l'article 1561 suppose, au contraire, une prescription acquisitive. Ainsi, le possesseur tient-il son droit soit de l'un, soit de l'autre époux ou de tous les deux? son acquisition est simplement annulable et soumise à une prescription de dix ans du jour de la *dissolution*, car l'art. 1560 ne porte pas d'exception pour le cas de séparation de biens. Tient-il, au contraire, son droit de tout autre, ou s'est-il mis lui-même en possession? il est soumis à une action en revendication prescriptible à partir de la séparation de biens, conformément à l'art. 1561, 2°. Nous répondons qu'il est impossible de vouloir scinder deux textes qui sont, quoiqu'on en dise, dans une corrélation aussi intime. S'il y avait quelque doute à cet égard, il serait levé par l'art. 2255 qui, précisément pour le cas où l'immeuble a été *aliéné*, renvoie à l'article 1561. L'article 1561 embrasse donc les cas où la femme intente l'action révocatoire de l'aliénation du fonds dotal. De même, l'art. 1560 s'occupe aussi bien

de la prescription acquisitive que de la prescription libératoire, puisqu'on a vu que dans l'un des trois cas qu'il
prévoit (celui où le mari a aliéné seul l'immeuble dotal),
la prescription était acquisitive. Qu'en conclure, sinon
que ces deux articles sont issus d'une même idée et ne
doivent pas être considérés isolément?

Maintenant est-ce à dire que dans tous les cas la
prescription de l'action révocatoire courra du jour de
la séparation de biens? Non : Mais pourquoi? C'est qu'à
côté de la disposition de l'art. 1560, il faut placer les
art. 2256, 2° et 1304 qui servent à l'expliquer tout
en le modifiant : Le mari a vendu seul l'immeuble
dotal : il doit, nous l'avons vu, garantir le vendeur en
cas d'éviction. Or, les conséquences de la garantie sont
si graves, que le mari ferait tous ses efforts, dût-il employer des moyens illicites, pour conjurer le péril qui le
menace. La femme se trouverait ainsi placée dans cette
triste alternative, ou bien de sacrifier ses intérêts à la
paix du ménage, en gardant le silence, ou bien de les
faire triompher au risque de s'attirer la haine de son
mari. Pour y obvier, la femme est réputée être dans
l'impuissance d'agir toutes les fois que son intérêt se
trouve en conflit avec celui de son mari. L'art. 2256, 2°
porte en conséquence que la prescription ne courra
contre elle qu'à partir *de la dissolution*, toutes les fois que
son action serait de nature à réfléchir contre son mari.
Que si le mari n'est pas garant de l'éviction, soit parce
qu'il a donné l'immeuble *non dotis causâ*, soit parce qu'il
l'a vendu de bonne foi, avec stipulation de non garantie
et aux risques et périls de l'acheteur, les motifs de l'article 2256, 2° n'existant plus, la prescription courra du
jour de la séparation de biens. Sans doute, cette théorie

amènera souvent des résultats bizarres, en ce sens qu'un donataire de mauvaise foi ou même un *prædo* pourra se trouver dans une situation meilleure qu'un acheteur de bonne foi; mais ici l'intérêt de la femme devait l'emporter sur l'intérêt d'un tiers coupable au moins d'imprudence.

De même, la femme a vendu seule son bien dotal : elle trouve un obstacle moral dans la crainte de porter à la connaissance de son mari un acte par elle fait à son insu, au mépris de son autorité. On décide, en conséquence, que la prescription ne courra pas contre elle, même après la séparation de biens. Tout au plus aurait-on pu la faire courir du jour où cette connaissance serait parvenue au mari; mais des débats élevés sur cette question pendant le mariage, auraient peut-être troublé l'union des époux ; on a tranché toute difficulté en décidant que le délai de 10 ans ne courrait qu'à partir de la dissolution du mariage.

Mais en dehors de ces deux cas, le point de départ de la prescription sera la séparation de biens.

DE LA RÉPUDIATION ET DU DIVORCE
EN DROIT ROMAIN.

Les définitions que les Romains nous ont laissées du mariage semblent présenter l'indissolubilité du lien comme un caractère essentiel de l'union conjugale, et pourtant chez nul autre peuple la liberté du divorce ne fut aussi grande que chez eux. Aussi cette institution joue-t-elle un rôle des plus importants dans leur histoire juridique: C'est à elle que se rattachent tous les points marquants de leur législation sur les Droits respectifs des époux. De là découlent notamment les *cautiones uxoriæ*, dont le but était d'assurer à la femme la conservation de sa dot en prévision d'une répudiation toujours possible, et qui furent la source de toutes les mesures qu'on prit par la suite pour en obtenir dans tous les cas la restitution du mari (1). De là dérive aussi la prohibition des donations entre époux, destinée à prévenir le mauvais usage que l'un pourrait faire de la liberté du divorce pour extorquer les biens de l'autre, ou pour l'abandonner après s'être enrichi à ses dépens (2). Enfin, à ce même principe on doit encore attribuer, d'après une opinion récemment émise, l'institution de la donation *propter nuptias*, créée dans le but de corriger dans certains cas la trop grande licence des ruptures.

Que si l'on consulte les textes, on voit que les clauses faites en vue d'une séparation éventuelle étaient aussi communes dans les conventions matrimoniales que celles insérées en vue du décès d'un des époux. Un examen

(1) Aul. Gell., *Nuits att* IV, ch. 6.
(2) D. XXIV, 1, 2.-Paul.

des règles qui gouvernaient cette institution en Droit romain ne nous a pas paru dès lors dépourvu de tout intérêt : c'est ce qui nous a engagé à le prendre pour sujet de notre travail.

Nous étudierons successivement quelles personnes pouvaient répudier, pour quelles causes la répudiation était permise, les formes auxquelles elle était subordonnée, enfin les effets qu'elle produisait quant aux personnes et quant aux biens.

CHAPITRE Ier.

DÉFINITION : PERSONNES QUI POUVAIENT RÉPUDIER.

Il y a cette différence, on le sait, entre le divorce et la répudiation, que le premier s'opère du consentement des deux époux à l'occasion d'une incompatibilité mutuelle, tandis que la répudiation a lieu par la volonté et pour l'avantage de l'une des parties, indépendamment de la volonté et de l'avantage de l'autre ; mais les termes *divortium* et *repudium* ont, en outre, d'autres significations. *Divortium* exprime le fait même de divorce : *repudium*, l'acte qui en contient la déclaration ; il est dans ce cas synonyme de *libellum*. Modestin nous dit de plus que le *divortium* n'avait lieu qu'entre époux, tandis qu'on nommait aussi *repudium* l'acte qui dissout les fiançailles (1).

Quelles étaient les personnes qui avaient le droit de répudier? Longtemps ce droit ne fut accordé qu'au mari.

_____

(1) D., L. 16, 101, § 1. — Cujas, Paratt. in Cod. v, 17 : « *Divortium est repudium et separatio maritorum : repudium est divortium vel renunciatio sponsalium.* »

Plutarque attribue à Romulus une loi qui permettait au mari de renvoyer sa femme quand elle était coupable de certains délits déterminés. Dans ces cas, le mari était son juge ; il devait toutefois s'adjoindre les parents de la femme lorsqu'elle avait commis un adultère. Quant à cette dernière, elle n'avait en aucune circonstance le droit de répudier son mari (1). Plus tard, la loi des XII Tables apporta bien des modifications sur notre matière, mais il n'est pas probable qu'elle ait accordé aux femmes la faculté que leur avait refusée Romulus ; car, au temple de Plaute, elles n'en jouissaient pas encore. C'est du moins ce qu'on peut induire de ce passage du *Marchand,* où Syra s'écrie :

Si vir scortum duxit clàm uxorem suam
Id si rescivit uxor, impunè est viro
Uxor verò si clàm domo egressa est foràs
Viro fit causa : exigitur matrimonio.
Utinam lex esset eadem ! (2)

Il y a incertitude sur l'époque à laquelle cette initiative leur fut accordée : Tout ce qu'on peut assurer, c'est qu'elle existait au temps de Cicéron (3). Une fois cette liberté conquise, il n'y eut plus qu'un pas à faire pour arriver au divorce. « Du moment que la femme et le mari avaient séparément le droit de répudier, à plus forte raison pouvaient-ils se quitter de concert par une volonté mutuelle » (4). Et, cependant, si grand était encore le respect qu'on portait au lien matrimonial, qu'il s'écoula de longues années avant qu'on ne vît des exemples de

(1) Plutarque, Romulus, ch. 28.
(2) Plaute, *Mercator,* acte v, sc. 6.
(3) Cicéron, lett. Famil. viii, 7.
(4) Montesquieu, *Esp. des L.,* l. 16, ch. 16.

ces répudiations fondées sur les causes les plus futi-
les.. Un des premiers en fut donné par Carvilius
Ruga, dont le nom est devenu classique, et qui ren-
voya sa femme pour cause de stérilité (520 ou 523)(1).
Son action a été diversement appréciée : Les uns ont vu
en lui un homme de bonne foi qui n'eut que le tort de
sacrifier au désir d'avoir des enfants la foi qu'il devait à
sa femme ; d'autres le considèrent comme un fourbe,
se parant d'une hypocrite religiosité et jouant sur les termes du serment qu'il avait prêté devant les censeurs :
uxorem se liberorum querendorum causâ habiturum (2).
Enfin, d'après Montesquieu, ce seraient les censeurs
eux-mêmes qui auraient forcé Carvilius à divorcer. Nous
ne nous appesantissons pas sur un fait qui ne mérite cer-
tes pas les longues dissertations dont il a été l'objet (3).
Constatons seulement que la rupture du mariage finit
bientôt par devenir un acte si naturel, si bien accueilli dans
les mœurs romaines, qu'on vit les personnages les plus
éminents de la République en user largement et sans le
moindre scrupule (4). Cette licence persista sous les empereurs. Il existait cependant quelques exceptions remar-
quables sur lesquelles nous devons nous arrêter.

La première tenait aux exigences de la puissance
paternelle. Cette puissance n'existant pas pour la mère,

(1) Denys d'Halic., II, 25.— Val. Max., II, 4. —Aul. Gell., IV, 3.
(2) M. Wolowski, *Revue de Législation*, t. 44.
(3) Niebuhr se fondant sur un fait puisé dans Val. Maxime, prétend
que la liberté du divorce existait déjà en 440. *Hist. rom.*, T. VI, p. 49,
trad. Golbéry.
(4) La liste serait trop longue à énumérer. Plutarque fourmille
d'exemples, Cicéron lui-même, et pourtant s'écrie Heineccius, *quàm
honestatis studiosus !* Cicéron change de femme, pour payer ses dettes, et quelque temps après il répudie la seconde, parce qu'elle a sem-
blé se réjouir à la mort de Tullia. *Antiq. Rom.*, l. I, adp. 44.

elle ne pouvait forcer ses enfants à divorcer; même impuissance pour le père, quand il y avait eu émancipation (1). Mais que décider dans le cas où les enfants étaient encore sous sa puissance? Il est certain, d'abord, qu'il pouvait les obliger à répudier quand il alléguait un mot raisonnable. Et même dans l'origine, ce droit était dévolu au père, sans qu'il fût tenu de donner aucune raison (2). Cette rigueur se conserva jusqu'à l'empereur Antonin, qui défendit de séparer arbitrairement des époux vivant en bonne intelligence (3). Comme cette nouvelle disposition trouvait encore des récalcitrants chez quelques vieux romains, fanatiques partisans des vieilles traditions, Marc Aurèle vint confirmer l'œuvre de son prédécesseur et décider qu'un père n'aurait jamais le droit, sans un motif juste et raisonnable, de rompre le mariage de son enfant au gré de son caprice. Néanmoins, pour adoucir autant que possible la dérogation qu'il faisait aux anciens principes, il porta cette loi moins comme un ordre impératif que comme une prière adressée à l'indulgence paternelle (4). Le père pouvait encore moins forcer la fille à reprendre son mari (5). Dans un cas, cependant, la rupture du mariage de la fille en puissance, dépendait de la volonté du père :

(1) C. v, 17, 4 et 5. Dioclétien, § 4.
(2) Cujas, sur la Novelle 22, rapporte ce passage d'Ennius :
    Injuria abs te afficior indigna pater
    Nam si improbum esse Cresphontem existimaveras
    Cur me huic locabas nuptiis? Sin et probus
    Cur talem *invitum invitam* cogis linquere.
(3) Paul, *Sent.* v, 6, § 5.
(4) D. xxiv, 1, 19, § 32. — C., h. t., l. 5, Dioclét. — Nov. 22, c. 19.
— Mais le père conserva toujours le droit, *ex paterne potestatis rigore,*
de rompre les fiançailles de son fils. D. xxiii, 1, 10.
(5) D. *ibid,* l. 4. Ulp. — D. xxiv, 3, 22, § 9, *sol mat.*

c'est lorsqu'elle devenait folle. Si elle ne relevait plus
de son père, l'acte ne pouvait être signifié ni par elle-
même, ni par son curateur : mais la loi ne la laissait
pas alors sans protection à la merci de son mari. Quand
il était avéré que celui-ci, au lieu de donner à sa femme
les soins qu'exigeait sa position, refusait de dissoudre
le mariage afin de jouir de la dot à sa guise, le curateur
ou les parents le faisaient condamner à fournir, en bon
mari et en raison de ses facultés, aux dépenses nécessaires. Et même, s'il y avait à craindre qu'il ne dissipât
la dot par sa mauvaise conduite, on la séquestrait pour
la faire servir aux besoins de la femme et de son entou-
rage, sans préjudice des conventions matrimoniales et en
attendant l'événement de la mort ou de la guérison (1).

Une disposition de la loi Julia Papia défendait à l'affranchie mariée avec son patron de le quitter contre sa
volonté : *divortii faciendi potestas libertæ que nupta est
patrono, ne esto* (2). Si, nonobstant cette prohibition,
elle lui envoyait un libelle de répudiation, sa position
devenait toute particulière. En effet, dit Ulpien, le divorce ne peut être considéré comme non avenu, puisque
en Droit il rompt le mariage; d'ailleurs, les époux
vivant séparés, on ne peut pas dire que ce mariage
subsiste : D'autre part, Julien refuse à la femme, dans
ce cas, l'action en répétition de sa dot. Comment concilier ces résultats divers ? On décidait que tant que le
patron voulait la garder pour sa femme, elle ne pouvait
contracter une nouvelle union (3). Alexandre Sévère

(1) D. xxiv, 3, 22, § 8. Ulpien.
(2) D., h. t., l. 10. — xxiii, 2, 45, *de ritu nupt.*
(3) D., h. t., l. 11, pr., Ulp. — xxiii, 2, 45, *de ritu nupt.* — L'affranchie simplement fiancée à son patron pouvait le répudier (l. 45, § 1.
ibid.); à moins qu'il ne l'eut affranchie expressément en vue de se
marier avec elle (l. 51, *ibid.*)

avait confirmé cette décision (1). Si l'affranchie passait
outre, son mariage n'était pas reconnu par la loi (2).
Julien allant même plus loin, pensait qu'elle ne pouvait
vivre avec un autre homme, même en concubinage (3).

Le droit d'user de cette prérogative dépendait uniquement de la question de savoir si on était réellement
et véritablement le patron de l'affranchie. Les applications abondent dans la loi : Ainsi, on le refusait
à celui qui aurait été obligé d'affirmer par serment
qu'il était le patron de telle femme (4); à celui qui
aurait acheté une esclave avec les deniers d'un autre
pour l'affranchir ensuite (5). On le déniait encore au patron qui n'affranchissait qu'en vertu d'un fidéi-commis (6).
Marcellus donne pour raison de ce dernier cas, qu'on
ne doit pas accorder une pareille faculté à un patron qui
n'affranchit que par nécessité. Mais, observe Pothier,
cette raison ne serait pas suffisante, car Ulpien rapporte
un rescrit qui l'accorde à celui-là même qui a acheté
une fille esclave sous la condition de lui donner la liberté.
Le véritable motif, c'est qu'on voyait dans le second cas
un patronage véritable qu'on ne trouvait pas dans le
premier (7).

Pouvaient, au contraire, user du bénéfice de la loi :
le fils de famille militaire, quant à la femme qu'il affranchissait avec son pécule castrans, car son père
n'avait aucun droit sur ce pécule; le patron qui épousait
une affranchie sur laquelle un autre avait aussi des droits

(1) C., l. 1, *de incestis nupt.*
(2) Novelle 22, ch. 36.
(3) D. xxiii, 2, 45. Ulpien, *de ritu nupt.*
(4-5) D. *ibid.*, § 2.
(6) D., h. t., l. 40, Marcellus.
(7) Pothier. *Pandect.*, h. t.

de patronage (1). L'esprit de la loi s'étendait jusqu'au fils de patron marié avec l'affranchie de son père : mais cette extension souffrait une exception si l'affranchie qu'il épousait avait été assignée par testament à un de ses frères. Il n'avait alors aucun droit sur elle ; elle pouvait impunément se séparer de lui (2).

La contrainte de l'affranchie durait d'après les termes de la loi *Quamdiù patronus eam uxorem esse volet*. Du moment où sa volonté cessait, la femme était libre (3). L'ignorance du patron ou sa folie, équivalaient à une défense, *rectiùs enim tunc invitus dicitur quam qui dissentit*. S'il était fait prisonnier, il y avait controverse : Ulpien considérait le mariage comme dissous ; Julien, au contraire, le considérait comme subsistant encore *propter patroni reverentiam*.

On admettait, du reste, que le patron pouvait, par une manifestation quelconque de sa volonté, renoncer à son privilége, par exemple, s'il intentait contre la femme l'action *rerum amotarum* ou toute autre action qui implique la dissolution du mariage ; s'il l'accusait d'adultère ; s'il en recherchait une autre en mariage et fiançait avec elle ; s'il prenait une concubine, chose qui n'est pas permise à un homme marié (4) ; enfin, s'il avait épousé une femme sans mœurs, la loi ne pouvant favoriser une union faite au mépris de ses dispositions.

En dehors des restrictions que nous venons de poser, la faculté de répudier était générale (5), et pourvu que

(1) D. xxiii, 2, 46. Gaïus.
(2) D., *ibid.*, l. 48, pr.
(3) D. xxiv, 2, 11, *de Divort.* Ulpien.
(4) Paul, *Sent.* ii, 20, § 1.
(5) Le divorce était interdit au Flamine de Jupiter (Festus, v° *Flammeo*). Domitien lui permit plus tard la diffaréation. (Plutarq., *Quest. Rom.*)

l'on fût, d'ailleurs, dans les autres conditions exigées par la loi, le mariage était dissous.

CHAPITRE II.

CAUSES DE RÉPUDIATION : PEINES INFLIGÉES AUX RÉPU- DIATIONS FAITES SANS JUSTE CAUSE.

Ces causes, ainsi que la pénalité qui leur servait de sanction, éprouvèrent diverses variations dans la législation romaine. La loi de Romulus, que nous avons déjà citée, les réduisait à trois : La femme pouvait être répudiée quand elle était coupable d'adultère, d'emprisonnement ou de supposition de part. Si le mari la renvoyait pour toute autre cause, la moitié de sa fortune était attribuée à la femme, l'autre moitié était consacrée à Cérès, lui-même était dévoué aux dieux infernaux (1). On eut peut-être mieux fait de considérer comme nulles, les ruptures qui n'étaient pas justifiées par l'inconduite de la femme ; mais le mari étant le maître de cette dernière, il n'était pas possible d'imposer une limite au droit absolu qu'il avait sur sa personne, en l'obligeant à garder près de lui celle qu'il repoussait de son foyer ; on avait recours dès lors à des moyens indirects, à des peines pécuniaires.

Ces causes furent modifiées par la loi des XII Tables, mais l'incertitude est grande et les opinions varient sur l'étendue de la réforme qu'elle opéra. Se contenta-t-elle, comme l'ont prétendu certains, de dégager le droit du mari de la pénalité que Romulus y avait attachée? Nous

(1) Denys d'Halic., ii, 8. — Plutarque, *Rom.*

pensons qu'elle fit plus : le fragment qui nous en reste
prouve qu'elle n'admettait aussi que certaines causes
déterminées : *Si vir mulieri repudium mittere volet,*
causam dicito harum ce unam... Quelles étaient ces causes?
c'est ce qu'il serait difficile à dire. *Divinationibus per me*
indulgeant alii, disait à ce sujet Jacques Godefroy (1) :
et nous n'essaierons pas d'être plus habiles que lui.

Quelles qu'elles fussent, les nouvelles dispositions ne
restèrent pas longtemps en vigueur. Le développement
de plus en plus considérable des mariages libres, l'intro-
duction des mœurs grecques dans Rome, l'excessive
liberté qu'elles admettaient en fait de mariage (2),
amenèrent bientôt dans les rapports des époux un relâ-
chement que les lois furent impuissantes à empêcher.
Les motifs les plus frivoles furent admis comme suffisants pour opérer la rupture du lien conjugal (3).

(1) Otton. Thes., T. III, p. 174. — On trouve des vestiges de ce chef
de loi dans un passage de Gaïus, au Digeste, l. 43, *ad leg. Jul. de*
Adult. : « *si ex lege repudium missum non sit...* » et dans un autre
d'une Philippique de Cicéron : « *ex duodecim tabulit causam addidit,*
exegit. » Il est vrai que plusieurs éditions portent : *ex duodecim tabu-*
lis claves ademit, exegit. Mais la première leçon est fondée sur les
manuscrits les plus corrects (Heineccius, *Antiq. Rom.*, I, adp. 44.)
Certains commentateurs se basant cependant sur la seconde, ont
donné à notre chef la forme suivante : *si vir ab uxore divortit, uxori*
res suas sibi habere jubeto, eique claveis adimito. Et Rittershusius,
qui divortium facere volet, res suas sibi habeto, claves uxori adimito,
foras eam ejicito.

(2) A Athènes, l'initiative de la répudiation appartenait aux deux
époux. La femme devait articuler ses griefs, si légers qu'ils fussent,
devant l'archonte. Le mari répudiant devait rendre la dot immédiatement, sinon payer à la femme neuf oboles au moins par mois. Le divorce s'accordait aussi à la demande des deux parties. Robinson,
Antiq. Grecq. passim.

(3) Suétone, *Aug.* 34. Les exemples qu'en donnent Valère Maxime
et Plutarque sont fort curieux. Certains maris ne prenaient même pas

Une loi d'Auguste essaya d'y mettre une mesure, mais le dévergondage du divorce fut porté si loin sous ses successeurs, qu'on doit en tirer une conclusion bien négative sur l'efficacité de cette loi (1); les empereurs n'osaient pas trop contrarier une habitude si profondément enracinée dans les mœurs publiques. Ce qui le prouve, c'est la peine insignifiante qu'on infligeait au temps d'Ulpien à l'époux qui divorçait sans juste cause ou par la faute duquel arrivait la séparation.

On distingue l'inconduite *grave* de celle qui l'est moins (2). Dans le premier cas, qui se réduit à l'adultère, si le coupable est la femme, elle perd le sixième de sa dot; elle n'en perd que le huitième dans le second. On peut répudier une femme pour l'adultère qu'elle a commis sous un premier mari, et dans ce cas, le divorce est considéré comme survenu par sa faute. Quand la faute émane du mari, s'il s'agit d'une dot qu'il doit rendre par tiers d'année en année (*annuâ bini trinâ die*), il faudra qu'il la restitue immédiatement dans le cas d'adultère, et par tiers de six mois en six mois, pour toute autre faute. S'il s'agit d'une dot qu'il doit rendre sur le champ, il sera tenu de restituer en plus une quantité de fruits correspondante au temps dont la restitution est avancée en pareil cas pour la dot payable en trois termes, c'est à dire, un an ou deux ans de revenus, selon la nature de la faute. Il ne perd donc que la jouissance de la dot dans un court délai, sans être atteint dans sa

la peine d'alléguer un motif : ils se remariaient sans avertir leur première femme, et l'on vit les juristes les plus sérieux discuter gravement si un pareil acte n'équivalait pas à un divorce tacite.

(1) Sénèque, *de Provid.*, c. 3, et *de Benef.*, l. 3, c. 16. — Juvénal, *sat.* 6.—Martial Epis., vi, 7.—St. Jérôme, cité par Cujas, *ad Cod.*, etc.

(2) Ulpien, *Reg.*, vi, 12, *mores graviores, mores leviores*.

7

propre fortune. La femme est évidemment plus mal-
traitée que lui (1). Ces peines peuvent être exigées au
moyen d'une action spéciale, *actio de moribus*, *malæ
tractationis judicium*, qui est personnelle aux époux et
ne passe pas à leurs héritiers (2). Le mari, détenteur de
la dot, peut aussi se payer au moyen d'une rétention
propter mores faite sur les biens qui la composent. Ce
n'est pas la seule, du reste, qu'il ait le droit d'exercer
en cas de divorce : Quand la rupture est imputable à la
femme, et qu'il y a des enfants du mariage, il lui est
encore attribué, mais par voie de rétention seulement,
un sixième par chaque enfant. Cette retenue ne peut
jamais excéder la moitié de la dot; elle est impossible
lorsque la femme n'est pas en faute, bien que ce soit elle
qui ait notifié l'acte de répudiation (3). On peut, toutefois, stipuler qu'elle aura lieu, même en l'absence de
toute faute de la part de la femme (4).

Maintenant les deux rétentions *propter mores* et *propter liberos* pouvaient-elles se cumuler ? Sur ce point il
s'est élevé une vive controverse, née surtout à l'occasion de la manière dont on doit interpréter le § 11 d'Ulpien : *dos quæ semel functa est ampliùs fungi non potest* (5).
D'après certains, *dos functa* s'entendrait d'une dot ayant
déjà subi une rétention et ne pouvant en subir une au-

(1) Ulp., *ibid.*, § 13. —Niebuhr cherche néanmoins à prouver qu'il
y avait égalité pour les deux. *Hist. Rom.*, T. v.

(2) Cod. Theod., 3, 13, 1 : *de moribus actio ultrà personam extendi
non potest, nec in heredem dabitur nec tribuetur heredi.*

(3) Paul, *Instit.*, ii, *de Dotibus*, fragm. — Ulp., § 10. — Cicéron,
Topic., c. 4. — Frag. Vatic., § 121, Papinien.

(4) Frag. Vatic., §§ 106 et 107.

(5) On a proposé diverses manières de ponctuer la fin du § 10 et le
commencement du § 11; nous adoptons, comme la plus naturelle,
celle de M. Pellat qui fait commencer le § 11 au mot *dot.*

tre , du moins identique , comme sont les deux dont il
est ici question. Dans ce système émis par Hugo , les
deux rétentions s'excluaient ou se suppléaient à l'occasion, suivant que l'une était plus avantageuse que l'autre,
mais sans jamais pouvoir se combiner. Selon d'autres, le
cumul était, au contraire, possible, car le mot *funcia* a trait
uniquement à la destination de la dot, et signifie qu'une
fois que la dot a rempli cette destination , elle ne peut
plus être traitée comme telle, à moins d'un second mariage. Dès lors , si le mari la restitue sans faire les retenues légales, il n'a plus d'action à exercer, comme l'in-
dique le § 10, sur des biens qui ont perdu tout caractère
dotal. Il est bien vrai que le texte lui donne formellement une action *de moribus* , mais elle ne sert qu'à faire
constater devant le juge le droit du mari à la rétention, etc... Ces deux explications, si ingénieuses qu'elles
soient , ne détruisent pas entièrement le doute : à nous
décider , nous donnerions cependant la préférence à la
première, qui est, d'ailleurs, la plus généralement suivie (1).

Le mari avait le droit de faire les retenues légales ,
même dans le cas où la dot avait été constituée par un
étranger, pourvu que celui-ci n'eût pas stipulé le retour
en cas de dissolution. C'est par application de ce principe qu'un rescrit de Dioclétien décide que celui qui
donne une dot au mari de son affranchie, sans stipuler
qu'elle lui sera rendue si le mariage vient à se rompre,
ne peut, le cas échéant par la faute de la femme, répéter du mari les retenues qu'il a faites en vertu de la loi (2).

Le mari ne pouvait, au contraire, user du bénéfice de

(1) Pellat, *Text. sur la Dot*, p. 32.
(2) C. v, 12. 25, *de Jure dot.*

la loi , 1° lorsque les deux époux étaient coupables : il s'opérait dans ce cas une espèce de compensation , en vertu de laquelle aucun des deux ne pouvait rien réclamer à l'autre (1) ; 2° quand , après la séparation et à la connaissance du mari , la femme restait longtemps en possession du fonds qu'elle avait promis en dot : il y avait alors une convention tacite de ne plus la demander ; le mari était censé avoir remis la peine, il ne pouvait rien réclamer par la suite (2) ; 3° quand , après avoir obtenu le divorce, le mari fiançait de nouveau avec sa femme ; il y avait encore alors un abandon tacite de son droit (3). Il en était différemment dans cette hypothèse, si le mari était un fils de famille fiancé malgré lui par son père à la femme qu'il avait déjà répudiée (4) ; 4° quand le mari ou le beau-père préféraient intenter l'action publique (5).

Cet état du Droit se maintint jusqu'aux premiers empereurs chrétiens. A cette époque, le divorce , quelque profondes que fussent les atteintes que lui portait la reli-

(1) D. xxiv, 3, 39. Papinien.

(2) D. xxiii, 3, 69. Papinien. — Ce texte ne peut en effet s'entendre que du cas où le mariage est dissous par la faute de la femme , ce qui autorise le mari à retenir une partie de la dot, et l'intéresse dès lors à la réclamer. Différemment , quel intérêt aurait-il à la répéter après le divorce, puisque s'il l'avait reçue il devrait la rendre ? Et d'autre part, quel besoin aurait la femme d'exciper du pacte tacite résultant de son silence ? N'aurait-elle pas pour le repousser l'exception de dol ?

(3) D. xlviii, 5, 13. Il est vrai que pour le cas d'adultère un autre texte (1. 11, ibid.) punit comme complice le mari qui reprend sa femme après qu'elle a été convaincue d'adultère ; mais , d'après Voet , cette dernière loi s'applique uniquement aux maris qui connaissant la conduite de leurs femmes , la toléraient néanmoins et bénéficiaient du trafic de leur corps.

(4) Dig. xxiv, 3, 38, sol mat. Marcellus.

(5) D. xlviii, 5, 11. § 3. Papinien.

gion nouvelle, était encore trop vivace dans les mœurs
pour que Constantin ou ses successeurs pussent songer à
l'abolir. Ils se contentèrent de l'attaquer par des voies
indirectes, d'entraver autant que possible son développement en punissant de peines plus sévères l'époux qui
se séparerait de son conjoint, en dehors des cas rigoureu-
sement fixés par les constitutions impériales. La femme
ne put à l'avenir répudier son mari que lorsqu'il s'était
rendu coupable d'homicide, d'empoisonnement ou de violation de tombeaux. En dehors de ces trois cas, une constitution de Constantin la réléguait dans une île ; elle
était dépouillée de sa dot en faveur du mari ; elle devait
abandonner à ce dernier *usque ad acuculum capitis* (1).

De son côté, le mari ne pouvait renvoyer sa femme
qu'autant qu'elle était coupable d'avoir empoisonné, de
s'être prostituée ou d'avoir favorisé la débauche des autres. S'il la quittait sans prouver aucune de ces trois causes, il devait lui rendre sa dot : défense lui était faite, en
outre, de se remarier. S'il passait outre, la première
femme pouvait pénétrer dans sa maison, *domum inva-
dere*, et s'emparer de toute la dot de la seconde pour se
dédommager de l'injure qu'on lui faisait. La législation
précédente avait eu le tort de ne porter qu'une répression
insignifiante ; la nouvelle avait celui d'infliger à la femme
une forte peine, tout en laissant au mari la faculté de
commettre presque impunément la même faute. On ne
tarda pas à s'apercevoir de cette choquante inégalité, et
c'est dans le but d'y mettre un terme que nous allons
voir figurer dans les textes la donation *propter nuptias*.
Comme c'est un des points capitaux de notre matière,

(1) Cod. Theod., iii, 16, 1.

nous devons entrer dans quelques développements.

Les opinions les plus divergentes ont été proposées sur l'origine et le but primitif de cette institution ; la plus ancienne, faisait de la donation *propter nuptias* un fonds apporté par le mari, pour garantir à la femme la restitution de sa dot et la mettre en même d'exercer utilement son recours contre lui. Cette croyance ne repose sur aucune donnée positive ; nulle part il n'est dit dans les constitutions impériales, que cette donation ait été imaginée dans ce but, et d'ailleurs, quelle eut été l'efficacité d'une pareille mesure ? Les biens dotaux sont protégés par l'inaliénabilité et l'hypothèque légale de la femme ; les biens de la donation ont pu, au contraire, jusqu'à Justinien, être aliénés et dissipés par le mari. Quelle sûreté la dot pouvait-elle donc trouver dans cette donation du mari, qui ne jouissait pas même de tous les moyens de conservation accordés à la première ?

D'autres ont prétendu qu'elle avait été imaginée en faveur de la femme pour lui assurer un gain de survie sur les biens de son mari. Elle y avait droit dans les cas où le mari avait stipulé un gain de même nature sur la dot. Cette opinion n'est pas mieux fondée : elle se met en flagrante opposition avec la Novelle 20 de l'empereur Léon, qui se référant au Droit ancien sur cette matière, atteste qu'à défaut de stipulation de gain de survie, la donation *propter nuptias* et la dot retournaient également aux époux ou à leurs héritiers. La donation pouvait donc exister sans qu'il y eût lieu à gain de survie ; elle avait donc une autre destination.—Cette destination originaire, déjà entrevue par Heineccius (1), lui a été

(1) *Elem juris*, ii, 7, 1 : *quàm ob perpetuum divortii maritus uxori faciebat.*

assignée tout récemment par un auteur allemand,
M. Franke. La donation nuptiale fut d'abord destinée
à garantir la femme contre une répudiation arbitraire,
en devenant sa propriété dans le cas où son mari lui
aurait envoyé le libelle sans juste cause, ou, ce qui revenait au même, lui aurait donné un juste motif de
divorce. C'est là sa première utilité légale. Mais a-t-elle
été imaginée dans ce but? ou bien a-t-on fait servir à
ce résultat une institution déjà existante? Nous sommes
pour ce dernier avis : si la donation *propter nuptias*
avait eu dans l'origine une cause précise, déterminée,
unique, on devrait trouver, quelque part, dans les
textes, des traces de son établissement positif; or, les
textes sont muets. D'autre part, ceux dans lesquels il
en est pour la première fois question, la réglementent
sur un point isolé, comme si elle avait été précédem-
ment l'objet de dispositions législatives. Cette anomalie
ne peut évidemment s'expliquer qu'en admettant que
la donation était une institution ancienne à laquelle
l'usage fit subir des modifications successives. Quelle
était cette institution? son but était-il de prévenir une
répudiation arbitraire comme le veut M. Franke, même
avant que cette destination officielle lui fût attribuée
par la loi? Nous ne le pensons pas, car les pactes dans
lesquels on stipulait des gains pécuniaires en cas de
divorce, étaient déclarés nuls par la loi. Nous verrions
plutôt l'origine de la donation *propter nuptias*, non pas
comme l'ont dit aussi certains, dans les *arrhæ sponsalitiæ*
que le futur donnait à sa future pour garantir l'exécution
de sa promesse et qui formaient entre eux une espèce
d'indemnité conventionnelle réglée à l'avance pour le
cas où l'un des deux ferait, par sa faute, manquer le

mariage : mais dans les *sponsalitiæ largitates* qui précé-
daient aussi le mariage et qui consistaient en une donation faite habituellement par le mari à sa fiancée.
Cette libéralité était assimilée aux donations ordinaires
et ne devenait pas caduque quand le mariage ne s'en
suivait pas; sa résolution ne pouvait résulter que d'une
stipulation formelle. Ce fut seulement sous Constantin
qu'elles furent présumées faites sous la condition que le
mariage serait contracté; cette condition manquant, les
objets donnés étaient restitués sans diminution. Il y
avait donc entre les *arrhæ* et les *largitates sponsalitiæ*
une grande différence : les premières étaient données
en vue d'un mariage promis qui ne se réaliserait pas; les
secondes, au contraire, étaient faites en vue de cette
réalisation, et n'acquéraient qu'alors, depuis Constantin,
une existence irrévocable. La donation *propter nuptias*
se rapproche évidemment de ces dernières. Consistant
primitivement en cadeaux modiques, elles prirent plus
d'importance par la suite; l'on finit par les considérer
jusqu'à un certain point comme l'équivalent de la dot.
La femme pouvant dès lors exercer utilement sur les biens
qu'elle comprenait les droits qui pouvaient lui être
concédés par la loi, c'est ce qui donna l'idée de la faire
servir à cette fin.

L'utilité qu'on pouvait en tirer se manifesta tout d'abord
quand la nouvelle loi de Constantin eut introduit, comme
nous l'avons dit, une exorbitante inégalité dans la pénalité du divorce. On imagina, pour la faire cesser, un
moyen très simple : ce fut de dépouiller le mari de
la donation *propter nuptias*, dans les mêmes circonstances où la femme était dépouillée de sa dot. Telle
est la destination qui lui est assignée dans la cons-

titution d'Honorius , Théodose et Constance où elle est
mentionnée pour la première fois (1). Tel est aussi le droit
le plus ancien de la femme à cette donation , droit existant de plein droit et indépendamment de toute convention. Qu'on ait entrevu par la suite d'autres partis à
tirer de cette institution , qu'on l'ait adaptée à d'autres
exigences, nous sommes loin de le contester. Mais alors
ce résultat a été atteint non pas de plein droit et en
vertu de la loi, mais contractuellement, au moyen d'une
stipulation expresse. Nous le répétons , le but propre et
légal de la donation à cause de noces, son utilité première,
aux yeux du législateur, a été d'assurer à la femme une
indemnité en cas de répudiation ; et cette proposition
s'accorde parfaitement avec toutes les modifications dont
elle fut l'objet par la suite. Ainsi , quand on voit la loi
29 au Code *de Jure dotium* permettre à la femme d'exiger,
en cas de déconfiture du mari , et sa dot et la donation
propter nuptias, c'est pour qu'elle les conserve toutes deux
à leur destination légale. Quand la Novelle 22, chap. 18,
transforme en devoir pour le mari la constitution autrefois libre et facultative d'une donation *propter nuptias* ,
c'est pour qu'il n'ait pas le moyen de chasser impunément sa femme , *ut non hoc vir , quod in multis nocitus
factum , expellat domo uxorem ;* et quand le Novelle 97
veut qu'il y ait entre la donation et la dot la plus stricte
égalité, *æqualitas in omni modo servanda,* c'est pour équi-
librer la position des deux époux et enlever au mari tout
moyen dérisoire d'acquitter sa dette légale. Et l'on ne peut
voir, comme l'observe M. Franke , une dérogation à ces
principes dans la règle par laquelle, s'il existe des enfants,

(1) Cod. Théod., 3, 16, 2.

la femme prend l'usufruit seulement et réserve à ces enfants la nue propriété de la donation : car la même règle est observée dans le cas où le mari gagne la dot et repose sur cette considération , que la faveur due aux enfants prescrit de rendre le divorce difficile : *Solutionem matrimonii difficiliorem esse debere favor imperat liberorum* (1).

Une constitution de Théodose et Valentinien ajouta aux peines éditées par Honorius la défense pour la femme de se remarier avant cinq ans, sous peine d'infamie. *Æquum enim, eam interim carere connubio quo se monstravit indignam.* En outre, elle augmenta considérablement les causes du divorce. Ces causes étaient pour le mari : si la femme prouvait qu'il était coupable d'adultère, d'homicide, d'empoisonnement, de faux, de plagiat, de vol dans les temples, de profanation de sépulcres ; si elle prouvait : qu'il avait pris part à des séditions ou s'était rendu coupable ou complice de délits contre le prince, qu'il avait commis des brigandages , recelé des voleurs , détourné les bestiaux d'autrui , qu'il vivait honteusement avec d'autres femmes , *quod præcipuè castas exasperat ;* si, enfin, elle prouvait qu'il avait attenté à sa vie par le fer, le poison, ou de toute autre manière , ou seulement qu'il l'avait frappée de verges , *quæ ingenuis alienæ sunt.*

A son tour le mari pouvait la répudier, si elle se rendait coupable d'adultère, d'homicide, d'empoisonnement, de faux, de plagiat, de violation de tombeaux, de sacrilége ; si elle recelait des voleurs, si malgré sa défense et à son insu elle allait manger avec des étrangers, ou passait sans motif convenable les nuits hors du toit conjugal ;

si elle courait les spectacles ; si elle entrait dans des conspirations contre l'État ; enfin, si elle attentait à sa vie de quelque manière que ce fût ou voulait lui porter de mauvais coups (1). Quand le mariage était rompu par la faute du mari, la femme ne pouvait se remarier avant un an, *ne quis de prole dubitaret*. Et cette prohibition était si rigoureuse, qu'une constitution d'Anastase l'étendait au cas même d'un divorce fait *bond gratiâ*, c'est à dire à l'amiable (2).

Une première réforme de Justinien vint modifier la loi de Théodose : Outre les causes ci-dessus, il permit encore au mari de répudier sa femme quand elle cherchait à se faire avorter, quand elle fréquentait les bains des hommes, et quand, toute mariée qu'elle était, elle parlait de son union prochaine avec un autre. De son côté, elle peut quitter son mari pour son impuissance durant deux ans : toutefois, dans ce cas, il gardait la donation à cause de noces (3).

L'action *de moribus* qui, d'après la nouvelle pénalité portée par Constantin et ses successeurs, était complètement tombée en désuétude, fut abolie ainsi que toutes les autres rétentions *ex dote* (4).

Justinien ordonna que la donation à cause de noces serait toujours égale à la dot, afin que les peines du divorce fussent strictement égales pour les deux époux (5). Dans le cas où il n'y avait ni dot, ni donation *propter*

(1) C., v, 17, 8, § 2 et 3. — Nov. 22, c. 15, § 1 et 2.
(2) C., *ibid.*, l. 9. — Nov. 22, c. 16, pr.
(3) C. v, 17, 10. Ce délai fut prolongé à trois ans par la Novelle 22, ch. 9, qui range l'impuissance du mari au nombre des divorces faits *bond gratiâ*.
(4) C., *ibid.* C. v, 13, 1, § 5.
(5) Nov. 97.

nuptias, l'époux qui donnait lieu à la séparation devait abandonner à l'autre le quart de ses biens, sans néanmoins que ce quart pût jamais dépasser cinq livres d'or, qui était le taux ordinaire des dots les plus élevées. La femme devait, comme par le passé, rester cent ans sans se remarier. L'époux innocent n'acquérait la pleine propriété des biens qui lui advenaient par le divorce qu'autant qu'il n'y avait pas d'enfants ; dans le cas contraire, il n'en conservait que l'usufruit pendant sa vie ; la nue propriété restait aux enfants. Toute convention contraire était nulle (1).

A part les répudiations qui avaient lieu *ex indignatione*, n'oublions pas qu'il y avait aussi le divorce fait à l'amiable, *bonâ gratiâ*, par consentement mutuel (2). Dans ce cas, on pouvait se dispenser d'alléguer de justes causes ; les parties réglaient leur position comme elles l'entendaient. Théodose supprima ce genre de séparation. Anastase le rétablit ; il fut à son tour admis par Justinien, mais il ne devait pas tarder à être compris dans les innovations incessantes qui furent apportées dans cette partie de la législation.

La Novelle 22 reconnaît trois espèces de divorces : 1° Celui qui a lieu du consentement mutuel des parties, *consentiente utrâque parte ;* 2° ceux qui résultent de certains événements graves, *per occasionem rationabilem ;* 3° ceux qui sont faits en vertu de justes causes. La dernière espèce nous est connue ; la première n'a pas besoin d'explication ; occupons-nous de la seconde qui comprend les divorces qu'on disait opérés *bonâ gratiâ*, c'est

(1) Nov. 22, c. 18 et 30.—C. v, 17, 11, § 1. et 8, § 7. — C. v. 9, 9. § 1.
(2) D. xxiv, 1, 32. § 2. Ulpien.

à dire sans acrimonie, sans envoi de libelle. Elle comprend.quatre cas :

1° *L'impuissance du mari.* — Quand elle durait trois ans depuis le mariage, la femme ou ses parents pouvaient le rompre. La volonté du mari n'était pas prise en considération ; il gardait la donation *propter nuptias*, et la femme reprenait sa dot. Quant à la stérilité de la femme, ce n'était pas un motif suffisant.

2° *La captivité de l'un des époux.* — Cette cause de rupture se trouve déjà dans les Pandectes : quoique la femme persistât à demeurer dans la maison conjugale, le mariage n'en était pas moins dissous, et le *postliminium* ne le faisait pas revivre (1). Néanmoins, sous un autre rapport, le mariage durait même en ce sens qu'elle ne pouvait contracter impunément une nouvelle union. Tant qu'il était certain que le mari prisonnier était vivant, elle ne pouvait convoler sans encourir les peines d'une répudiation faite sans juste cause. Était-on, au contraire, dans l'incertitude sur son existence alors, si cinq ans s'étaient écoulés depuis sa captivité, elle pouvait se remarier sans danger. Les jurisconsultes considéraient cette séparation comme faite *bonâ gratiâ;* la signification d'un libelle n'était pas exigée ; chaque époux conservait intégralement ses biens. Ces dispositions sont exactement reproduites dans la Novelle 22, ce qui fait présumer à Cujas que le fragment du Digeste attribué à Julien n'est qu'une intercalation de Tribonien (2). Si le mari revenait après les cinq ans, il ne pouvait reprendre sa femme qu'autant qu'elle était libre et qu'elle consentait à ce

(1) D., h. t., l. 1. — 59, 15, 12, § 4.
(2) Cujas, *Explic.* Nov. 22. D., h. t., l. 6.

second mariage. Même décision quand la femme était captive.

3° *La profession religieuse* (1). — Quand l'un des époux embrassait la vie monastique, son mariage était rompu. Chacun reprenait ses apports, et les gains de survie s'exécutaient comme si l'époux qui se retirait du monde était réellement mort. Au lieu d'un libelle, on envoyait *quoddam breve remissum, ei qui relinquitur solatio.*

4° *L'absence prolongée du mari en expédition.* — Cette cause est aussi relatée au Digeste (2). Quand le mari restait quatre ans sans donner à sa femme ni nouvelles, ni marques d'affection, une loi de Constantin permettait à celle-ci de passer à de nouveaux liens, pourvu qu'elle fît publiquement constater le fait et qu'elle signifiât un libelle au chef sous lequel servait son mari : elle échappait alors à toute pénalité. Justinien trouvant cette constitution faite *vehementer immaturè*, prolongea le délai à dix ans.

Ces dispositions n'étaient pas établies pour longtemps : il serait trop long de passer en revue toutes les Constitutions impériales qui, se remplaçant ou se modifiant les unes les autres, apportaient des changements incessants à notre matière, et la laissaient toujours *in redundationis tumultus.* Contentons-nous d'indiquer les principaux :

La Novelle 117 restreint considérablement les causes de divorce, mais l'empereur Léon les augmente de nouveau (3). Les coups portés à la femme ne sont plus une cause de répudiation ; le mari doit seulement lui donner alors une valeur égale au tiers de la donation *propter*

(1) C., I, 3, 42. — Nov. 22, c. 5.
(2) D. xxiv, I, 61. — Nov. 22, c. 14.
(3) Nov. 117, c. 8 et 9. — Nov. Léon., 31, 93, 111, 112.

nuptias. Les séparations faites *bonâ gratiâ* sont maintenues ; mais l'absence, quelque prolongée qu'elle soit, ne rompt plus le mariage tant que sa mort n'est pas constatée ; et Léon étend plus tard cette décision à la captivit (1). Justinien n'admet plus le divorce par consentement mutuel que dans le cas où les époux se quittent pour vivre dans la continence ; chacun reprend alors ses biens ; mais si, par la suite, l'un d'eux se remarie ou mène une vie débauchée, il est relégué dans un couvent jusqu'à sa mort, et ses biens, à défaut d'enfants ou d'ascendants, sont attribués en totalité au couvent (2).

Quant à la pénalité, le mari, lorsqu'il n'y a pas de dot, n'obtient plus le quart des biens de sa femme ; celle-ci, au contraire, quand la faute est imputable au mari, doit recevoir une part virile s'il y a plus de trois enfants ; s'il y en a moins, elle prend un quart comme par le passé. En cas d'adultère, le mari coupable perd, en faveur de sa femme, non seulement la donation nuptiale ou la portion de biens qui la remplace, mais encore une autre portion de ses biens égale au tiers de cette donation. La femme coupable est punie dans la même proportion sur sa dot et sur le restant de sa fortune ; elle est, de plus, enfermée dans un couvent, et y reste toute sa vie, si dans l'espace de deux ans son mari ne la reprend pas. Ce qui reste des biens des époux après l'acquittement de ces peines, est attribué au fisc ou au couvent, s'ils ne laissent ni enfants ni ascendants. Le mari est condamné à la même peine quand la femme le répudie sur la fausse accusation d'adultère qu'il a portée contre elle. S'il y a

(1) Nov. 117, c. 11 et 14. — Léon. Nov. 33.
(2) C. Auth., *quod hodiè* — Nov. 123, c. 40 et 134, c. 11.

des enfants, ils prennent toute la fortune de leur père (1).
Rappelons, au surplus, que ces peines sont inapplicables
quand les deux époux sont en faute.

CHAPITRE III.

DES FORMES DE LA RÉPUDIATION.

Pour opérer la répudiation il suffisait, dans l'origine,
que l'un des époux en manifestât la volonté à l'autre
(*repudium mittere*), et cela sans distinguer si le mariage était libre ou accompagné de la *manus*. Seulement,
dans cette dernière hypothèse, il fallait dissoudre non
seulement le mariage, mais aussi la *manus*, par des cé-
rémonies analogues à celles qui l'avaient produite, c'est
à dire, par la *diffarcatio* ou par une *remancipatio* (2).
Certains commentateurs semblent néanmoins attribuer
à ces formalités la rupture du mariage lui-même (3);
mais il est bien reconnu aujourd'hui que le mariage et
la *manus* étaient indépendants; la *manus* s'acquérait
par des solennités de droit ou par une prescription,
tandis que le mariage était immédiatement parfait par
le consentement des parties (4). Cependant, il n'en est
pas moins certain qu'à l'origine le mariage dût être toujours accompagné de la puissance maritale. Les formalités pour la dissoudre étaient gênantes pour la femme;
elles dépendaient principalement de la volonté du mari;
certaines même (la *diffarcatio*) étaient vues de mauvais

(1) Nov. 117, c. 5; 8, § 2; 9, § 4 et 5; 13. — Nov. 134, c. 10.
(2) Festus, v° *diffarcatio* et *remancipatam*.
(3) Noodt, Voet et les auteurs qu'il cite, Pothier, etc.
(4) Etienne, T. 1, p. 115. — D'Hautuille, *Revue de Législation*, T. vii.

augure. Il arrivait très souvent que la femme se trouvant dans l'impossibilité de se soustraire au lien qui la gênait, s'en tirait au moyen d'un crime (1). Pour remédier à ces inconvénients, on eut recours au mariage *libre*, et dans le cas où la *manus* existait, la loi des XII Tables permit à la femme d'y échapper par *l'usurpatio trinoctii*. Il paraîtrait, d'après quelques textes, qu'on employait aussi pour la nature du mariage certains actes symboliques. Ainsi, par exemple, la femme en divorçant renvoyait à son mari les clefs de la maison conjugale, ou le mari les lui enlevait quand le divorce émanait de son fait.

Quelle était l'origine de ces divers rites ? D'après Godefroy on ne doit pas les considérer comme provenant de la loi des XII Tables, mais comme ayant été introduites par les anciens jurisconsultes qui les interprétèrent. Il en serait de même, selon lui, des paroles qu'on devait prononcer, et des sept témoins qui furent plus tard exigés (2). Mais Brisson attribue cette dernière formalité à la loi par laquelle Auguste réglementa le divorce.

A l'époque de Justinien, pour que la répudiation soit valable, il faut que la déclaration en soit faite en présence de sept témoins pubères et citoyens romains. On se sert de l'intermédiaire d'un affranchi pour transmettre l'acte de séparation (*libellum*). Cet affranchi ne peut servir de témoin; pas plus que celui de l'ascendant quelconque qui ferait signifier le libelle (3). Quand l'époux répudié se trouve absent, l'acte peut être vala-

(1) Niebuhr, *Hist. Rom.*, T. v.
(2) Otton. Thes., T. III. p. 171.
(3) D xxiv, 2, 9. Paul.

8

blement notifié à toute personne qui est sous sa puissance ou sous la puissance de laquelle il se trouve (1).
Bien plus, le mariage est rompu quoique le libelle ne lui
ait encore été ni livré ni notifié (2). C'est que la loi se
contente de requérir le consentement de celui qui répudie, sans exiger que l'autre époux en ait connaissance.
Julien en conclut qu'on peut répudier une femme atteinte de folie, *quia*, dit-il, *ignorantis loco habetur*. Et
Ulpien s'appuie à son tour sur cette décision pour prouver
que la folie ne dissout pas le mariage de plein droit,
quòd non tractaret de repudio (*Julianus*) *nisi constaret
retineri matrimonium* (3). La faculté qu'a le mari de se
séparer de sa femme devenue folle, est d'ailleurs cir-
conscrite dans d'étroites limites: Si c'est une folie douce,
supportable, n'arrivant que par accès, il ne peut la
répudier sans se rendre passible des peines portées
contre les ruptures faites sans juste motif. Cette disposition s'applique à la femme dont le mari serait tombé en
démence : *Quid enim tam humanum est*, dit le juriscon-
sulte, *quàm in fortuitis casibus mulieris maritum vel uxorem viri participem esse* (4).

Pour rompre les fiançailles on emploie la formule :
conditione tuâ non utor; pour rompre le mariage : *tuas
res tibi habeto; tuas res tibi agito* (5). Cujas pense qu'elles
sont strictement solennelles et qu'elles dérivent de la loi
des XII Tables. On trouve pourtant dans les auteurs un

(1) D., xxiv, 1. 25, 2. Gaïus.
(2) C. v, 17, 6.
(3) D., *ibid.*, l. 4. Ulp. — xxiv, 3, 22, § 7. — xxiii, 2, 16. — Paul,
Sent. ii, 19, § 4. — Brunemann, *ad. Cod.*, h. t., l. 6.
(4) D. xxiv, 3, 22, § 7. Ulpien.
(5) D. *ibid.*, 2, 2, § 2 et 1. Gaïus.

grand nombre d'autres formules de divorce qui s'écartent de cette rédaction (1).

Quand les formalités peu nombreuses que nous venons d'indiquer ne sont pas accomplies, il n'y a rien de fait, le mariage n'est pas dissous (2); tandis, qu'au contraire, quand le divorce est fait en dehors des causes permises par la loi, les époux encourent bien une pénalité, mais leur union est rompue. Lors même que les formalités ont été suivies, la répudiation est nulle si elle n'est pas faite avec l'intention d'opérer une séparation éternelle : notamment, l'action d'une femme qui dans un moment de dépit signifierait un libelle à son mari, sauf à retourner auprès de lui un instant après, comme tous autres actes qui surviendraient à la suite d'un accès de colère irréfléchie; ces actes, quand on n'y persévère pas, ne sont considérés que comme de petites brouilleries (*frigusculum*) sans conséquence (3).

Si, avant que son conjoint n'ait reçu le libelle, l'époux qui l'envoie regrette de l'avoir fait, et que néanmoins, dans l'ignorance de son changement de volonté, on le remette à sa destination, la répudiation est encore considérée comme non avenue, à moins que l'époux qui la reçoit ne veuille, malgré le repentir de l'autre, dissoudre le mariage. Mais, dans ce cas, les conséquences de la rupture retombent sur lui (4).

(1) Cujas, *Recit. sol. in Cod.*, h. t., et *Explic.*, Nov. 22.
(2) D. xxxii, 49, § 6.
(3) D. xxiv, 2, 3. Paul. — 50, 48, *de Reg. juris.*
(4) D., *ibid.*, l. 7. Papinien.

CHAPITRE IV.

DES EFFETS DU DIVORCE.

Le divorce , par sa nature , touchait aux intérêts les plus graves ; tous les membres de la famille pouvaient être atteints par les conséquences d'une séparation, dont les effets portaient autant sur les personnes que sur les biens. C'est sous ce double rapport que nous allons examiner ces effets.

Quant aux personnes, le divorce avait pour effet de faire cesser tous les rapports personnels produits par le mariage. Chacun d'eux avait la faculté d'en contracter un nouveau avec le consentement des personnes en la puissance desquelles il se trouvait. On admettait, néanmoins, que si la femme retournait auprès de son mari , la première union subsistait toujours , pourvu qu'il ne se fut pas écoulé un trop long espace de temps entre le divorce et la réconciliation , et que , dans cet intervalle, aucun des deux ne se fût remarié (1). Le mari pouvait se remarier immédiatement ; la femme devait attendre une année révolue depuis la dissolution *propter turbationem sanguinis*. En convolant, elle perdait le nom et le rang de son premier époux (2). Les enfants ne devaient pas souffrir de la séparation : ils conservaient leurs droits intacts. Une constitution de Dioclétien laissait au juge le soin de décider chez qui, du père ou de la mère, ils devaient être nourris et élevés (3). La Novelle

(1) D. xxiii, 2, 18 et 33. — C. v. 1, 7.
(2) Nov. 22, c. 35.
(3) C. v, 24, l. un.

117 ordonna que les frais d'éducation et d'entretien seraient toujours à la charge du mari coupable ou innocent, à moins qu'il ne fût dans l'indigence, auquel cas
c'était la mère qui devait y pourvoir (1).

Quant aux biens, les conséquences du divorce étaient
nombreuses. La première consistait dans l'obligation
imposée au mari de restituer la dot. Sur beaucoup de
points cette restitution était soumise aux mêmes conditions que celle qui arrivait à la suite du décès ; nous ne
devons nous occuper ici que des particularités spéciales
au cas de divorce. Dans ce cas, l'action en répétition
était intentée par la femme elle-même si elle était hors
puissance : si elle se trouvait encore sous la puissance
de son père, c'est à lui qu'appartenait l'action ; mais par
suite de la faveur toute particulière dont la dot était
environnée, il ne pouvait agir soit pour la réclamer, soit
pour la recevoir qu'avec le consentement de sa fille (2).

La répétition de la dot s'éteignait par la réintégration
du mariage : On présumait toujours et jusqu'à preuve
contraire, que la dot constituée pour une première
union dissoute par le divorce, était constituée pour la seconde que contractaient ensuite les mêmes personnes (3),
parce qu'une femme est censée ne pas se marier sans
dot : et cette présomption avait lieu lors même que la
femme ne retournait avec le premier mari qu'après avoir
divorcé avec un autre (4). Si, avant de se réconcilier, elle
avait stipulé de son mari la restitution de la dot avec les

(1) Nov. 117, c. 7.
(2) Ulp., Reg., vi, § 6. — D. xxiv, 3, 34, § 6. Paul. *Quia filia obliga-
tionis particeps et quasi socia est in causam dotis.*
(3) Cujas, *in Resp. Papin.; ad leg.* 31, *de Jure dot.* — D. xxiii, 3, 30,
Paul, et 10 Ulpien.
(4) 23, 3, 64, Javolenus.

intérêts, ils cessaient de courir dès que cette réconciliation avait lieu; mais le mari.devait ceux qui avaient
couru dans l'intervalle; ils s'ajoutaient au capital pour
former le montant de la dot à restituer à la fin de la
seconde union (1).

Toutefois, la réconciliation des époux ne pourrait
préjudicier aux droits des tiers : lorsqu'un étranger avait
constitué la dot en stipulant le retour en cas de dissolution du mariage, la stipulation avait son effet au moment
du divorce, et l'action une fois acquise au tiers ne
pouvait lui être enlevée par leur réunion ultérieure.
Le mari devait, dans ce cas, restituer la dot ou du
moins obtenir un nouveau consentement du constituant (2). Comme conséquence du même principe s'il
arrivait qu'une femme divorçât sans juste cause, pour
faire gagner à son mari la dot que lui avait constitué
un tiers avec stipulation de retour en cas de décès,
l'incident de divorce ne gênait en rien la répétition du
tiers (3).

De même, quand la femme divorçait pour que sa dot
profectice ne revînt pas à son père si elle décédait durant le mariage, pour obvier à cette fraude, on accordait
au père une action utile en répétition de dot (4). Et,
plus tard, quand la peine de la répudiation faite sans
juste cause consista dans la perte de la dot ou de la

(1) D., *ibid.*, 13, 69, § 2. Papinien.
(2) D., *ibid.*, 63. Modest. — 23, 4, 29, § 1, Scœv. — 24, 3, 12, § 3. —
A moins toutefois qu'il ne s'agit d'une dot provenant des biens de la
femme elle-même, et dont un tiers aurait stipulé la restitution à son
profit du consentement de la femme : car alors le consentement de ce
tiers ne serait pas nécessaire.
(3) C. v, 17, 3.
(4) D. xxiv, 3, 59. — 24, 2, 15.

donation nuptiale, pour que le mari ou la femme, au
moyen d'une séparation frauduleuse et simulée, n'obli-
geassent pas les parents à payer ou restituer la dot ou la
donation qu'ils avaient promise ou reçue, soit seuls,
soit avec leurs enfants, Justinien ordonna que les conjoints, même émancipés, ne pourraient dissoudre leur
mariage sans le consentement de leurs parents (1). A
défaut, ces derniers ne pouvaient être atteints par les
peines du divorce.

Outre la restitution de la dot, le divorce avait encore
pour effet de faire cesser les droits que le mari pouvait
avoir sur les paraphernaux de sa femme ; il éteignait le
droit de succession légale des époux, ainsi que toute disposition de dernière volonté qu'ils avaient pu se faire pendant le mariage (2). Les conventions matrimoniales (*pacta
dotalia*) faites soit entre eux, soit entre eux et des tiers,
perdaient leur validité, à moins qu'elles ne continssent
des dispositions prévoyant le cas de divorce. Dans ce cas,
elles conservaient tout leur effet (3). Mais on ne pouvait
les étendre au cas où le lien conjugal était dissous d'une
autre manière, comme on n'aurait pu réciproquement
les suppléer par des dispositions prises en vue du décès (4).
Ainsi, quand un père avait stipulé que la dot lui serait
rendue si sa fille venait à mourir pendant le mariage, la
condition n'était pas remplie si le lien était rompu par le
divorce ou par la mort du mari. Si le père était condamné
à une peine capitale, et que la femme décédât pendant
le mariage, le bénéfice de la stipulation était acquis au

(1) C. v, 17, 3. —Nov. 22, c. 19.
(2) D. xxxviii, 11, 1. un.
(3) Nov. 134, c. 10 *in fine*.
(4) D. xxiii, 4, 3 et 13. Paul et Ulpien.

fisc ; mais si les époux , après un divorce sérieux , se remariaient par la suite, le fisc ne pouvait plus réclamer la dot, quand même la femme serait morte pendant cette seconde union, parce que cette stipulation n'avait trait qu'au premier mariage (1).

Si en constituant la dot on s'en était réservé la répétition pour le cas de *dissolution de mariage* en général, il y avait controverse sur la portée qu'il fallait donner à ces expressions : on avait fini cependant par décider qu'en faisant un pareil pacte, l'intention des parties était que dans aucun cas la dot ne pût rester au mari. Au contraire, quand la stipulation disait : *si quo casu Titia tibi nupta esse desierit,* on décidait que ces termes impliquaient la captivité de la femme ou sa déportation , mais non le cas de divorce (2).

Bien entendu , pour que les conventions faites en cas de divorce produisissent leur effet , il fallait qu'elles n'eussent rien de contraire aux injonctions de la loi. On n'aurait pu convenir, par exemple, que le mari ne pourrait actionner sa femme en justice , soit pour les choses qu'elle lui aurait soustraites, soit pour les donations dont il l'aurait indûment gratifiée pendant le mariage. On n'aurait pu de même stipuler pendant le mariage, qu'en cas de divorce la dot serait restituée dans des délais plus longs que ceux fixés par la loi. Ces conventions étaient, au contraire, parfaitement valables une fois la séparation opérée (3). Car, alors, le mariage , dans l'intérêt duquel la prohibition était portée, n'existant plus , il n'y avait pas à craindre de fausser la destination de la dot.

(1) D. xxiii, 26, § 5, Papin. — 24, 3, 22. Ulpien.
(2) D. l, 16, 120. — 24, 3, 56. Paul.
(3) D. xxiii, 1, 18, Julien, 20. Paul.

Le mariage une fois dissous, pourvu qu'il l'eût été
dans les formes légales, les parties pouvaient se faire
telles donations qu'il leur plaisait (1). On trouve plusieurs applications de ce principe dans le Digeste : « s'il
y a des enfants du mariage, dit Papinien, et que la femme
soit rentrée chez son mari après une querelle (*jurgium*),
combinée de part et d'autre pour feindre un divorce, afin
de mettre ensuite pour prix de la réconciliation la condition de ne pas payer sa dot, une pareille donation sera
nulle » (2). De même, si un mari, après avoir divorcé, fait
une donation à sa femme pour la faire revenir, et la
répudie ensuite de nouveau, la donation sera-t-elle valable ? Oui, disait Labéon, si le premier divorce a été
sérieux ; non, s'il a été simulé. Mais Javolenus adoptant
l'opinion de Proculus, décidait que le divorce n'était censé
réel qu'autant qu'une des parties avait contracté un
autre mariage ou qu'il s'était écoulé un temps convenable depuis la première rupture ; différemment, la donation était nulle.

Nous avons déjà dit que le divorce était une des causes principales qui avaient fait interdire les donations
entre époux : Plus tard, quand le senatus consulte d'Antonin Caracalla les eut permises, à condition qu'elles ne
seraient pas révoquées jusqu'au décès du donateur, le
divorce eut encore une influence marquée sur cette partie du Droit. On le considéra comme l'équivalent d'une
révocation tacite. Si le divorce a lieu après une donation,
dit Ulpien, et que le donateur meure le premier, on sui-
vra l'ancien Droit ; c'est à dire que la donation ne vau-

(1) D. xxiv, 1, 35. Ulpien.
(2) D. xxiii, 1, 27. Quand il y a des enfants, on suppose plutôt un
jurgium, qu'un *divortium*.

dra qu'autant qu'elle aura été expressément confirmée
dans le testament du donateur. Qu'arrivera-t-il donc,
ajoute-t-il donc, si les parties, après le divorce, se réu-
nissent une seconde fois, soit que le donateur ait révoqué
ou n'ait pas révoqué la donation en divorçant, soit que
l'ayant révoquée il l'ait consentie de nouveau en se récon-
ciliant? Cette donation sera confirmée si le donateur
vient à mourir pendant le mariage (1).

Dans le cas où la donation avait été faite par un beau-
père à sa bru, elle était révoquée s'il lui envoyait un
repudium contre son gré : le libelle faisait présumer la
révocation, quoiqu'il fût impuissant pour opérer la dissolution du mariage. On suivait la même règle dans le
cas où les deux beau-pères se seraient mutuellement fait
une donation ; elle était nulle s'ils envoyaient un acte de
séparation, l'un à son gendre, l'autre à sa bru malgré
leur volonté (2).

Avant même que le senatus consulte que nous venons
d'indiquer n'eut été porté, la prohibition de donner entre
époux n'était pas si exclusive qu'elle n'admit certains
cas exceptionnels ou des donations de ce genre étaient
valables et irrévocables dès le principe. De ce nombre
étaient les libéralités qui ne devaient se réaliser qu'au
temps du mariage dissous, telles que les donations à cause
de mort ou de divorce (3). Pour la validité de ces dernières, il fallait qu'elles fussent faites en vue d'une séparation imminente ; c'est ce qui les distinguait de la *mortis
causâ donatio,* qui pouvait se faire dans la prévision gé-

(1) D. xxiv, 1, 32, § 10 et 11. — Un simple *friguiculum* était insuffisant pour révoquer la donation. *Ibid.,* § 12.
(2) D. *ibid.,* l. 19 et 20.
(3) D. xxxix, 6, 2, § 1, 31, § 2; 35, § 1. — Ulp. *Reg.* vii, 1.

nérale de la mort comme celle d'un danger de mort déterminé. La donation *divortii causâ* devait, au contraire,
se rapporter à une dissolution réelle et prochaine, et non
à une possibilité tout à fait éventuelle (1). On comprend
qu'une donation de ce genre ne pouvait guère se produire
que dans le cas d'une séparation opérée *bonâ gratiâ* (2) :
quand l'un des époux répudiait l'autre arbitrairement,
ou lui donnait un motif légal de répudiation, ils ne son-
geaient guère apparemment à se faire des libéralités.

Enfin, pour terminer ce qui regarde les effets du divorce, nous savons que dans le dernier état de la législation, le divorce fait sans juste cause privait le conjoint coupable d'une partie considérable de ses biens au
profit de l'autre. La nature du droit qu'acquérait ce
dernier sur ces *lucra ex divortio* était déterminée par
l'existence ou la non existence d'enfants au moment de
la dissolution. Dans le second cas, il ne subissait aucune
restriction ; tous les gains qu'il recevait, il les avait dans
sa pleine propriété et pouvait en disposer à son gré (3).
Dans le premier cas, au contraire, nous devons distinguer plusieurs époques :

D'après une constitution de Théodose et Valentinien (4),
la propriété des *lucra* appartenait aux enfants immédiatement après la dissolution du mariage, et l'époux qui
devait en profiter n'en conservait que l'usufruit : il avait,
néanmoins, à sa mort, la faculté d'attribuer ces biens
soit à tous les enfants, soit à l'un d'eux en excluant les

(1) D. xxiv, 1, 11, § 11. Ulpien, 12. Paul.
(2) D. *ibid.*, 60, § 1, 61, 62. — La donation à cause de divorce pouvait être faite par le beau-père à son gendre. L. 26, § 1. Paul.
(3) C. v, 9, 3, § 1 *in fine.* — C. v, 17, 11, § 1. — Nov. 22, c. 22, pr.,
c. 23, pr. — Nov. 98, c. 2. — Nov. 117, c. 13.
(4) C. v, 17, 8, § 7 et 8.

autres : s'il les aliénait durant sa vie , il faisait un acte nul. Justinien voulant que les *lucra ex divortio* fussent régis par les mêmes règles que les *lucra ex morte* , ordonna qu'au cas même où il existerait des enfants issus du mariage , l'époux délaissé acquerrait les gains en pleine propriété. Ce n'était qu'en contractant une nouvelle union qu'il était réduit à se contenter de l'usufruit (1).

Mais ces dispositions ne durèrent pas longtemps : la Novelle 98 vint rétablir la loi de Théodose et décider que la propriété des biens qu'un époux acquerrait de son conjoint par suite d'un divorce fait arbitrairement , appartiendrait immédiatement aux enfants sans examiner s'il contractait ou non un second mariage (2). Toutefois, la Novelle 127 accorda plus tard au conjoint qui ne se remariait pas une portion virile en pleine propriété de la dot ou de la donation *propter nuptias*, qui lui était attribuée par suite du divorce (3).

Pour compléter notre matière, nous devons dire quelques mots d'une action particulière au divorce , l'action *rerum amotarum*, qui prit la place de l'ancienne *retentio ob res amotas* (4). Cette action était accordée à l'un des conjoints pour faire restituer immédiatement à l'autre les choses qu'il avait soustraites en vue du divorce. Par respect pour le mariage , la loi ne voulait pas qu'on put intenter entre époux l'action de vol; néanmoins, comme il y avait réellement délit , elle avait accordé une action

(1) C. v, 9, 3, pr. 5, 6, 8, 9. — C. v, 17, 8, § 8 ; 11, § 1. — Nov. 22, c. 23-26, 30, 31,

(2) Nov. 98, c. 1.

(3) Nov. 127, c. 3.

(4) D. xxv, 2. — C. v, 13, 1, §5. — C. v, 21, 2. Ulp. *Reg.*, vi, 9, vii, 2.

d'une espèce toute particulière (*singularis*), qui réunissait les avantages de la *condictio furtiva* sans entraîner l'infamie de l'action *furti* (1). Deux conditions étaient exigées pour qu'on pût l'intenter : il fallait, 1° que la soustraction eut été faite durant le mariage ; 2° en vue d'un divorce réalisé par la suite. En l'absence de ces conditions, la gravité du délit n'était pas tempérée par la loi ; on infligeait les peines du vol dans toute leur sévérité. L'action était transmissible activement et passivement aux successeurs du mari et de la femme ; un étranger ne pouvait l'intenter. Ainsi, quand une femme avait soustrait une chose empruntée par un tiers à son mari, et que l'emprunteur était actionné en restitution, il avait contre elle l'action *furti*, quoique cette action n'appartint pas au mari. Il y avait pourtant cette différence entre les conjoints et leurs héritiers, que ces derniers n'étaient tenus de restituer que ce qui leur était parvenu des objets détournés.

L'action s'éteignait par la réintégration du mariage. Mais si le nouveau mariage était suivi d'un second divorce, Africain pensait que l'action pour les choses détournées à l'occasion du premier subsistait toujours. Dans ce cas, en effet, dit Cujas, elle n'est pas éteinte, mais seulement assoupie, *ut in furioso dùm interquiescit, furorem cessare non deesse Seneca ait* (2). Elle subsistait encore quand le mari ne faisait aucune réserve à cet égard en restituant la dot ou en fournissant des sûretés pour cette restitution.

(1) Cujas, *Paratt.* i, D., h. t. : *quia etsi furdsse non dicamus sed amorisse, lenitate verbi tristitiam rei mitigantes, tamen in veritate furtum est.* (2) Cujas, *ad African. tract.*, 8, l. 23, h. t.

PROPOSITIONS.

Droit romain.

1. Le senatus consulte d'Antonin Caracalla valida non seulement les donations entre époux résultant d'une tradition,
mais aussi celles résultant d'un contrat d'obligation.

> D. xxiv, 1, L. 3, § 10, L. 82, § 1 et 23 ; Ulpien. — *Con-
> trà*, L. 23, *ibid.*, Papinien).

2. L'acheteur, du moment de la vente, court les risques de la
chose vendue.

> D. xviii, 5, L. 5, § 2, *de Rescind. Vend.* — D. xxi, 2,
> 2, *de Evict.*, Code, L. 6, *de Peric. et Com. rei ven-
> dit.*— *Inst.*, L. 3, t. 3, § 3, etc... *Contrà*, D. xix, 2, 33,
> *Locat. conduct.* — D. xviii, 6, 12 et 13 *de Peric. et
> comm. rei vendit.*

3. La dot profectice revient au père si sa fille meurt pendant
le mariage, non seulement quand elle est encore sous sa
puissance, mais encore quand elle est émancipée.

> D. xxiii, 3, L. 5, § 11, *de Jure dot.* — D. xxiv, 2, L. 5, *de
> Div.* — D. xxiv, 3, L. 10, Pr., et L. 59, D., *Sol. mat.*
> — D. xxi, 2, L. 71, *de Evict. Contrà* : C., L. 4, *Sol.
> mat.*

4. Dans la L. 73, §, au Digeste, *de Jure Dotium*, le mot
fundus idoneus signifie un fonds d'un usage commode
et de bon rapport.

Droit Français.
(Code Napoléon).

1 La donation acceptée par un incapable seul, n'est pas nulle
absolument, elle ne l'est qu'au profit de cet incapable.

2. L'art. 337 s'applique au cas d'une reconnaissance forcée
comme au cas d'une reconnaissance volontaire.

3. La séparation des patrimoines est un privilége.

4. Il n'y a pas novation par cela seul qu'un créancier qui a quelques garanties particulières accepte de son débiteur des billets souscrits en paiement de sa dette.

5. Le mari ne peut employer la contrainte personnelle pour ramener sa femme au domicile conjugal.

Droit criminel.

1. La contrainte par corps accordée contre le mineur de moins de seize ans par l'art. 9 de la loi du 13 décembre 1849, ne peut être exercée qu'après son émancipation ou sa majorité.

2. La tentative d'avortement n'est pas punissable comme l'avortement consommé.

3. Quand la surveillance de la haute police est prononcée en vertu de l'art. 49 (Cod. Pén.), la durée de cette surveillance, s'il s'agit d'infractions qui ne rentrent pas dans les termes des art. 47 et 48, doit être laissée à la décision du juge.

Droit administratif.

1. Le droit qu'ont les tribunaux d'examiner si toutes les formalités administratives qui précèdent l'expropriation pour cause d'utilité publique ont été accomplies, ne va pas jusqu'à discuter la validité, l'opportunité ou la régularité des actes qui leur sont soumis.

2. Les préfets ne peuvent faire des réglements de police municipale soit directement soit après le refus du maire.

APPROUVÉ :
Le Doyen de la Faculté de Droit,
LAURENS

VU ET APPROUVÉ :
Le Recteur de l'Académie,
A. VINCENS DE GOURGAS.

Toulouse. — Imprimerie BAYRET et Cie, rue Peyras, 42.

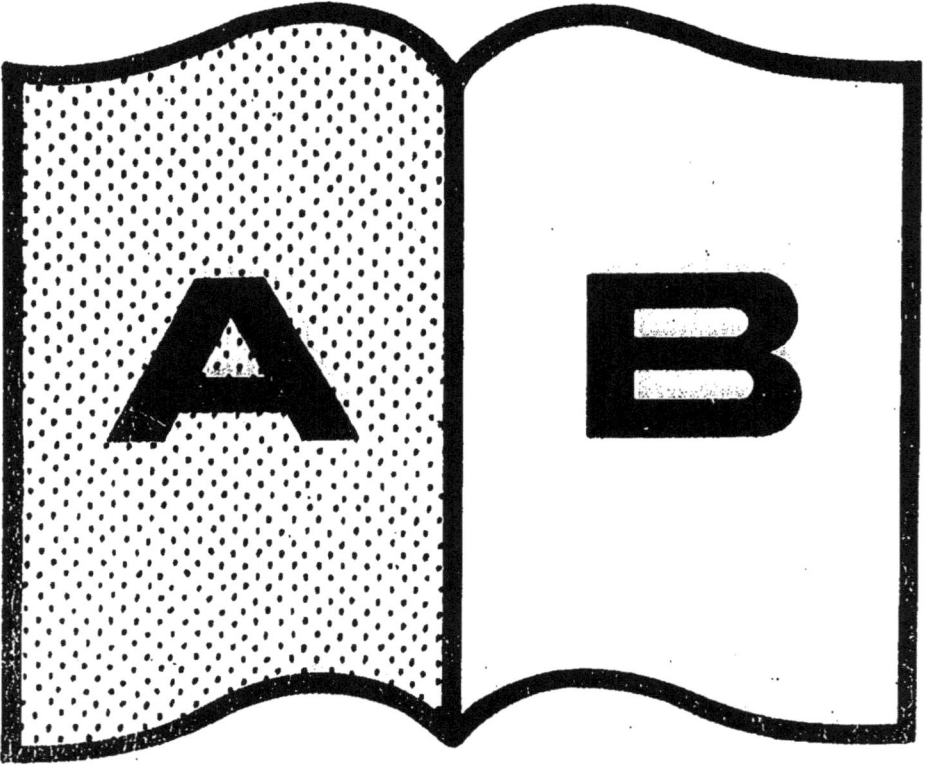

Contraste insuffisant

NF Z 43-120-14